TURING
图灵教育

站在巨人的肩上
Standing on the Shoulders of Giants

TURING 图灵新知

好好
好好

这样的
关系
最舒服

相处

PLAYS
WELL WITH
OTHERS

[美] 埃里克·巴克 (Eric Barker) 著

马梦捷 译

The Surprising Science Behind
Why Everything
You Know About Relationships Is (Mostly) Wrong

人民邮电出版社

北京

图书在版编目（CIP）数据

好好相处：这样的关系最舒服 /（美）埃里克·巴
克（Eric Barker）著；马梦捷译. -- 北京：人民邮电
出版社，2023.4
（图灵新知）
ISBN 978-7-115-61132-1

Ⅰ. ①好… Ⅱ. ①埃… ②马… Ⅲ. ①心理交往
Ⅳ. ①C912.11

中国国家版本馆CIP数据核字(2023)第030356号

内 容 提 要

　　本书从不同视角深入探讨了识人、交友、爱情、婚姻、社区等人际
关系领域的各种主题。我们能以貌取人吗？患难之交是真正的朋友吗？
爱能征服一切吗？没有人是孤岛？作者通过引人入胜的故事、经典事件
的精彩描述，以及严谨的科学研究数据和研究结果，呈现了与传统认知
不尽相同的思考和分析，并给出了这些问题的答案。

　　本书适合所有想洞察人际关系的奥秘、拥有良好的人际关系、追求
人生幸福和快乐的人阅读。

- ◆ 著　　　　　[美] 埃里克·巴克（Eric Barker）
　　译　　　　　马梦捷
　　责任编辑　　王振杰
　　责任印制　　胡　南
- ◆ 人民邮电出版社出版发行　　北京市丰台区成寿寺路11号
　　邮编　100164　　电子邮件　315@ptpress.com.cn
　　网址　https://www.ptpress.com.cn
　　大厂回族自治县聚鑫印刷有限责任公司印刷
- ◆ 开本：880×1230　1/32
　　印张：7.625　　　　　　　　2023年4月第1版
　　字数：162千字　　　　　　　2023年4月河北第1次印刷
　　著作权合同登记号　图字：01-2022-5319号

定价：59.80元
读者服务热线：(010)84084456-6009　印装质量热线：(010)81055316
反盗版热线：(010)81055315
广告经营许可证：京东市监广登字 20170147 号

献给所有被我搞砸的关系

（我本想列出所有这些关系，可惜献词只能有一页）

亨利·托马斯·巴克尔曾说：

"君子论理，常人议事，小人议人。"

我是来议人的。

引言

还没有人被枪击。是的，我知道，这并不是你听到过的最令人放心的话，但从我所处的位置来看，这句话已经非常鼓舞人心了。

两个歹徒试图抢劫当地一家熟食店，收银员按下了无声警报。警察赶到后，坏人躲到了隔板后面，还抓了收银员当人质。店面被紧急事务小组（对特警的一种花哨称呼）团团围住。纽约警察局的人质谈判小组已经就位。

人质谈判小组今天请来了一位特别嘉宾，那就是我。你好！在我生命中的大部分时间里，我一直害怕收到写着"来自纽约警察局侦探杰夫·汤普森"的电子邮件，但我很想写一本关于如何与人打交道的书，因为这似乎是一种有趣的学习方式。现在我来到这里，"有趣"并不是我脑海中冒出的第一个词。特警队出动，生命危在旦夕，我真希望我把这个周末花在了参加某些新潮的关系研讨会上，那里指着人的枪口要少些。伙计们，在这些险境里我可没有用替身演员。接下来的5分钟里我度日如年，这是我人生中最紧张的时刻。

奇怪的是，电话那头的声音听起来很友善。但现在抱有好感还为时过早。人质谈判的前半个小时是最危险的。如果没有建立关系，没有出现移情，那么一旦事情出了岔子，就没有任何缓冲地带，只有肾上腺素飙升和恐惧。

当谈判专家开始与他交谈时，我把正确程序在脑子里过了一遍：放慢节奏，使用积极倾听法，注意起着重要作用的语音语调。记住，你的行为是会传染的。目前最重要的事情是，让他们继续说话，因为如果劫持人质者在和你说话，他们就不是在向人开枪。不幸的是，对方已经没在和我们说话了。线路刚刚中断了，情况糟得不能再糟了……

情况当然还能更糟糕。电话打回来了，但换了一个人，跟刚刚的那位不是同一个人。这个人语速很快，而且骂得很凶。我甚至听不懂这家伙在说些什么，但我捕捉到了一些信息，他是监狱的老朋友了，以前杀过两个人，还犯过其他各种重罪。

"别吓坏了。"我告诉已经被吓坏的自己。电影结尾总会说："在制作这部电影的过程中，没有动物受到伤害。"而我的免责声明可能要写成："在这本书的写作过程中，没有人受到伤害。"

谈判专家在电话中对嫌疑人做出了回应。"你听起来很沮丧。"这真是史诗级的轻描淡写，但这也是最基本的积极倾听技巧：给情绪贴标签，即为劫持人质者的情绪赋予一个名字。加州大学洛杉矶分校的马修·利伯曼的神经科学研究已经证实，贴标签可以缓解强烈的情绪。你还可以用它来向对方展示你与他的共鸣，从而与他建立关系。

"我是很沮丧！一整个特警队都在外面吗？！我的侄子快被吓死了！"

"侄子？"镜映——积极倾听的另一大技巧——是以问题的形式重复对方所说的最后一件事。这样做会让他们继续说话。与此同时，你能够得到更多信息，并建立关系。

"是的，刚刚和你谈话的就是他……听着，我无法应对出狱后的生活，但我不希望他也经历同样的事情。"

"听起来你很忧心。为了他的未来，你希望他能安全地离开那里。"更多的标签，更深的关系，慢慢地把他往你希望的方向推进。

随着交谈继续，对方的语气逐渐转变，敌意开始消解，就好像他们在一起合作解决这个问题似的。没过多久，嫌疑人就把收银员送了出去。然后，他的侄子走了出来。又过了一会儿，他投降了。

在目睹积极倾听的力量发挥作用时，我感觉就好像一个飞盘砸在了我的脸上。我觉得自己刚刚见证了一场魔术表演，但魔术师不是把手伸进帽子里拉出一只兔子，而是拉出了一辆雷克萨斯。这种方法不仅能改变人们的想法，还能让人们放下枪支，接受入狱的判决。我心情激动，激动的是我对下一本书有了灵感，而且接电话的人不是我。

谈判专家转向我说："埃里克，轮到你接电话了。"

哦，我是不是忘了说，这一切都是模拟训练？不好意思（请不要叫我"不可靠的叙述者"，这会让我妈以为我是个不按时交房租的作家）。尽管这一切是"假的"，但我的肾上腺素飙升是有原因的。纽约警察局的训练场地非常壮观，它有机场航站楼那么大，能够让人联想到好莱坞制片厂的后场。他们为最常见的人质事件发生的地点设置了逼真的场景：银行大厅、警察收押局、可供跳楼的屋顶和便利店（配有奥利奥饼干）。警察局请来专业演员扮演肇事者和人质。他们对这件事的重视程度超过了我对任何事情的重视程度。这是应该的。（事实上，在纽约警察局的要求下，我更改了熟食店场景的一些元素，以便为他们的培训方案保密。）

　　在经历了这次模拟恐慌后，我感觉好得不得了。我爬上山顶，向禅师学习人际关系技巧并大受启发。演练结束后我和演练的参与者一起闲聊，我仍然心潮澎湃，因为我找到了通往人类沟通的万能钥匙：积极倾听。现在，我知道每个人需要怎么做来改善家庭关系了……

　　"顺便说一句，这个技巧在家里是行不通的。"其中一个谈判者说。

　　"啊？"我的心脏停跳一拍。

　　"我说的就是对你的伴侣。在家里对你的伴侣使用这些技巧是行不通的。"另一位谈判专家点头微笑，好像在说："可不是嘛。"我惊掉了下巴，想死的心都有了。这种与人打交道的方法有效得令人难以置信，却在面对发怒的妻子或混蛋的丈夫时不起作用？它可以挽救生命，但不能挽救婚姻？我想对他们大喊："难道你们不知道我有一本书要写，需要用到听起来不错的答案吗？"

　　但现实中，我没有大喊，而是深吸了一口气。对于如何应对持枪的银行劫匪我可能不是很了解，但我对心理学相当了解。几乎每一种形式的婚姻治疗方法都会建议夫妇在冲突期间积极倾听对方。我回到酒店，再次确认了一遍。我是对的，且每个婚姻治疗师都推荐这种做法……

　　但这种做法没有用。婚姻治疗师（和我）都错了，人质谈判专家是对的。德国布伦瑞克工业大学的心理学教授库尔特·哈维格进行了相关测试。积极倾听这种方法听起来很棒，它在人质谈判或心理治疗等场景中效果很好。在这些场景中，采用这种方法的是与待解决问题有一定距离的第三方。但婚姻争吵是不同的，发生争吵的原因可能是你没有把垃圾倒掉。当伴侣冲你咆哮时，让你镜映、贴标签和接纳所有的情绪，就相当于让你在遭受身体袭击时不要逃跑或反击一样。哈维格的研究表明，人们在关键时刻就是做不到这一点。后续研究显示，对于那些真正能够积极倾听的少数夫妻来说，这种做法也只能带来短暂的好处，他们很快就恢复争吵了。

在人质谈判中，短暂的好处可以奏效，只要谈判的时间长到能让那个人戴上手铐。但在持续时间超过几小时或几天的婚姻中，这是一场灾难。治疗师们都推荐这种方法，但在哈维格之前，除了人质谈判专家，没有人真正检测过它。也许这就是为什么研究表明，在接受婚姻治疗一年以后，只有 18% ~ 25% 的夫妇报告他们之间的关系有所改善。

请注意，为恐怖分子和情绪不稳定的人设计出的方法对你的家庭来说并不完美（好吧，也许为恐怖分子和情绪不稳定的人设计出的某些方法对你的家庭来说是完美的，但我不想做什么假设）。人类是复杂的，犹如三维版国际象棋。而我认为如此复杂的东西会有一个简单、通用的钥匙，这么想真是天真无知。

我之前对于人际关系的认识是错误的。幸运的是，不只是我错了，所有的婚姻治疗师都错了。你对于人际关系所了解的很多东西也是错的。放松，这不是你的错。我们一直以来都在获取各种相互矛盾的信息。

- "人靠衣装"？但他们又说"不要以貌取人"？
- "物以类聚，人以群分"？等等，我还听说过"异性相吸"？

- 你应该"做你自己",还是应该"入乡随俗"?

这当然会让我们困惑,还会让我们相信某些愚蠢的说法。我们怎么可能不这样呢?这些是非常重要的事情。不过,这和甜腻的贺曼贺卡①所表达的重要性不一样。想一想哈佛大学医学院的格兰特研究,②它对 268 名男子进行了长达几十年的跟踪。从他们身上获取的数据可谓汗牛充栋,关于什么能使人长寿、幸福的见解也很多。乔治·瓦兰特花了很多年领导这项研究,当被问及他从对这些人的研究中学到了什么时,他只回答了一句话:

"生活中唯一真正重要的事情,是你与他人的关系。"

这么多的研究竟可以归结成一句话,这似乎很荒诞。但是,这句话是真的。我们花这么多时间去追逐琐碎的事物,但当悲剧发生时,或者当你的大脑在深夜里盘旋着太多问题时,你就会知道,最重要的是关系。我可以信任谁?有没有人真正了解我?有没有人真正关心我?想一想那些最让你感到快乐的时刻,它们都是关于人的。最痛苦的时刻也是一样。我们与他人的关系可以造就我们的生活,也可以破坏我们的生活。

---

① 创立于 1910 年的贺曼(Hallmark)公司出品的贺卡。贺曼是深受消费者青睐的贺卡品牌之一。
　　　　　　　　　　　　　　　　　　　　　　　　　　　　　　　　——编者注
② 由哈佛大学自 20 世纪 30 年代开始的关于一个人在什么情况下才会更幸福、更健康的研究。该研究持续进行了近 80 年。——编者注

　　人类几千年来一直在处理与彼此的关系，而我们仍然无法正确行事。为什么对于关系这件事我们一直没有获得良方呢？我们把生活中这一最重要的事留给了先天能力、道听途说，以及我们在残酷的痛苦和拒绝中磨练出来的一点洞察力来"处理"。有些人可能会说，关于这个问题的书有很多，但人们口中的"人际关系宝典"通常都跟商业广告片似的。我们心知肚明，这类书中的大多数充其量只有些似是而非的观点以及神奇 8 号球①水平的"科学"准确性，而我们需要的是真正的答案。

　　弗洛伊德说："爱与工作是人性的基石。"我的第一本书是关于工作的。我对从小听到大的有关成功的格言玩了一次"流言终结者"的游戏，检验了这些格言说的是不是真的。幸运的是，那本书很畅销。（如果你写了一本关于成功的书，这本书却不怎么成功，那么这可能就是你根本不知道自己所言何物的最大证据了。）而在这本书里，我们将讨论弗洛伊德格言的另一部分：人际关系。

　　这本书讨论的是，当涉及关系时，我们做错了什么，以及我们如何能做得更正确。我们将检验那些伴随我们长大的格言，看看它们在科学上是否成立。

- 你能"以貌取人"吗？还是说只有电视上的夏洛克·福尔摩斯能这么做？

- "患难之交才是真朋友"？这句话到底是什么意思？

---

① 一种占卜类玩具。——译者注

- "爱能征服一切"？还是说离婚率如此之高不是因为不爱了，而是出于某个令人沮丧的确切原因？

- "没有人是一座孤岛"？（老实说，我一直觉得自己更像是一个群岛。）

　　我们将利用现有的有力证据，而不是运用陈词滥调或出于一厢情愿来做出判断。（我不相信在掷骰子之前先吹口气就能求得好运，我只相信记牌。）在对这些格言做出判断之前，我们会从多个方面进行审视。我们将获得令人惊讶和违反直觉的发现，将撼动传统智慧，打破神话，获得真正的答案。然后，我们将学习如何利用这些发现过上充满爱、温暖和善意的生活，而且在这个过程中不会伤到任何人。

　　在过去的 10 年里，我一直通过更新我的博客（Barking Up the Wrong Tree）来研究人类行为背后的科学性。我还获得了一堆花里胡哨的学位，甚至在新泽西州的成长过程中幸存了下来。但这些并不能让你相信，我是你本次人际关系"地狱之旅"的维吉尔①……

　　我这辈子有过很多称呼，但"擅长交际者"并不是其中之一。"宜人性"是心理学家用来评估性格的 5 个基本特质之一。在这个特质上，我得了 4 分……满分是 100 分。我在人际关系方面的表现一直不尽如人意，而这也是我开始学习社会心理学的原因之一。我一直不善于与人相处，我想了解这背后的原因。所以，这不是一本"我是大师，

---

① 维吉尔是古罗马诗人，是意大利诗人但丁最欣赏的作家。在《神曲》中，但丁称他为"老师"，虚构他解救了迷路的自己，并邀请自己去游览地狱。——编者注

照着我做"的书，而是一本"我不知道自己做了什么，所以我和许多比你我都聪明的人交谈，以获得可靠信息"的书。无论你需要这些答案的心情有多迫切，无论你在人际关系上多么失败，无论你是个独行侠还是个局外人，或者只是一个诸事不顺的人，我都在你身边，我们将一起踏上这趟旅程。

我们将看到关系的根本核心是我们的大脑为了创造身份认同、激发主观能动性和创建社区团体而编织的故事。这些故事能够联结我们，但如果不小心的话，它们也能"撕裂"我们。

最后，我将诠释生命的意义。我是认真的。（再也没人会说我妈妈帕特里夏·巴克养了个没有出息的儿子。）

关系给我们带来了至高的幸福，也带来了"天啊，我从没想过会如此糟糕"的低谷。我们都害怕暴露自己的脆弱之处，或者在他人面前难堪。有时我们会想，自己到底是被诅咒了还是出了什么毛病。我们也许无法阻止浪涛，但我们可以学会冲浪。无论你是一个善于与人打交道的人，还是一个社交焦虑的内向者，你都可以建立更好的友谊，找到或者重燃爱情，并且在这个情感距离和孤独感不断增加的时代，与他人更加亲密。

通常情况下，我们与他人的摩擦始于我们对他们的不准确的看法。我们都曾因试图判断他人的性格而翻车。我们能否学会准确识人，科学地解读他们的想法，并识别谎言？我们能否读懂身体语言？

简单地说，我们可以"以貌取人"吗？

那么，就让我们从这里开始吧……

目　录

第三部分 爱能征服一切吗 99

我们经常听到"爱能征服一切"。这是真的吗?我们如何维系婚姻中的爱情?为什么说"二联性精神病"是最佳的伴侣状态?在本部分中你会找到这些问题的答案。

第四部分 没有人是一座孤岛 167

生物学家曾说:"人们必须属于一个部落。"如今人们在哪里才能找到他们的部落?孤独到底是好是坏?最幸福的人的共同点是什么?在本部分中你会找到这些问题的答案。

[①] 本书的参考文献见图灵社区 www.ituring.com.cn/book/3125 页面上的"随书下载"。——编者注

第一部分
我们能以貌取人吗

我们经常被告知"不要以貌取人"。这句话对吗？如果不以貌取人，我们如何读懂人心，如何克服"第一印象"带来的偏见？在本部分中你会找到这些问题的答案。

第 1 章
福尔摩斯夫人

他 18 岁的女儿已经失踪一周了，而警察却一无所获。

1917 年 2 月 13 日，亨利·克鲁格的女儿露丝出门去磨滑冰鞋上的冰刀，之后就再也没有回来。尽管警方高层保证会优先处理此案，但他们的线索中断了。媒体的狂热报道让这件事雪上加霜。一位出身显赫家庭的女孩失踪了？这正中媒体下怀。

克鲁格的妻子整夜恸哭，克鲁格自己也夜不能寐。但他不是那种轻言放弃的人。克鲁格既富有又有权势，他知道自己会找到女儿的，因为他雇到了最厉害的侦探。

这个人并不是警察，其最近的侦查工作使某人免于死刑。她是美国前地区检察官，是一个让人看不出来的高手。而在完成这一切的同时，她面临着这个时代的大多数人不会面临的困难与挑战，因为这位美国 20 世纪初最伟大的侦探是一位女性。

她的名字是格雷丝·休米斯顿。不久之后，纽约的报纸就把她称为"夏洛克·福尔摩斯夫人"。将她比作这位虚构人物实在是太恰当了，因为她就像是直接从侦探小说里走出来一样。格雷丝只穿黑色衣服，她无偿受理所有案件。当时，哥伦比亚大学法学院还不招收女学生，而哈佛大学要在 40 年后才会接受女性，所以她去了纽约大学。在 1905 年通过了律师资格考试之后，她加入了女律师的行列，而当时整个美国总共只有 1000 名女律师。

格雷丝创立了自己的公司，代表贫穷的移民与剥削他们的雇主和房东作斗争。她受到死亡威胁就像我们收到垃圾邮件一样频繁。当急于找工作的移民开始在南部诸州失踪时，她进行了卧底调查，揭露了举国震惊的奴工丑闻。在 27 岁时，她成了美国第一位地区女性检察官。作为一位连投票权都没有的女性来说，还算不错。

但是，对于格雷丝来说，调查露丝·克鲁格案件并不简单。不仅案件线索中断了，而且大众对于这个故事的关注也减少了。在竭尽丑闻炒作之能事后，媒体开始将注意力转向了正在欧洲上演的第一次世界大战。格雷丝孤立无援——即使是福尔摩斯也需要华生。

在司法部工作期间，格雷丝遇到了"克朗尼"。朱利叶斯·J. 克朗尼因在政府工作中过于粗鲁又比较实诚而著称。这很适合格雷丝。克朗尼曾是一位私家侦探，脸上有一道很深的疤痕，而且左轮手枪从不离身。他有能力确保格雷丝经常收到的死亡威胁只是威胁而已。至于露丝·克鲁格的案子，因为克朗尼自己是 3 个女孩的父亲，他不需要任何与格雷丝合作的理由。他们一拍即合，开始合作了。

两人检查了当地的每一间停尸房、医院和墓地，但一无所获。唯一有点嫌疑的是阿尔弗雷多·科基这个人。他是露丝失踪那天去磨冰刀的那家店老板。警察盘问过他，也搜查了他的商店，但什么也没有发现，所以他们已经排除了他的嫌疑。事实上，已经排除了两次嫌疑。作为初来乍到的意大利移民，科基担心会有暴徒来找他麻烦，于是他逃回了老家。这个案件没有什么其他线索可循。他们花了 5 个星期的时间，连一条新线索都没找到。

但格雷丝没有放弃，她确信警察一定是漏掉了什么。他们两人分头行动，把整个调查高效地复盘了一遍。克朗尼用他的"说服"能力在街头寻找关于科基的信息，格雷丝则回顾了与此案相关的每一条证据，直到对它们全都了如指掌。

通过与当地人交谈，克朗尼对科基有了比警方更深入的了解。科基的商店一直是赌徒和社会渣滓的聚集场所，并且科基喜欢女孩，特别喜欢。他会把她们引诱到地窖里参加夜间酒会。有传言说他安排年轻女性和他的顾客见面，而且还发生过身体侵害事件。但没有人向警方报告过，因为他们不希望自己女儿的名声受到玷污。

与此同时，格雷丝查阅了警方的档案，发现了一些从未见诸报端的东西：当科基第一次与警察谈话时，他的脸和手臂上有很深的抓痕。这是最后一根稻草。格雷丝从未见过科基，但她知道他一定就是罪犯。她现在需要的是确凿的证据，她需要进入那个地窖。

但科基夫人拒绝配合。自从她丈夫出逃后，她一直不让别人搜查自家的商店。她甚至用锤子威胁克朗尼。由于警察已经搜查过商店，格雷丝不可能拿到搜查令，所以她转而拿到了一份契约。事实上，她通过中间人从科基夫人手里买下了这家商店。这下，没有人能阻止商店的新主人检查她自己的地窖了。

格雷丝、克朗尼和几位工作人员走下冰冷、黑暗的台阶。对于一个作坊来说，这里空旷得令人毛骨悚然。里面只有一件家具——科基的巨大工作台。格雷丝冲它点了点头。工作人员把它抬到一边，发现工作台下面的地板已经被掀掉了。

混凝土之中嵌着一扇门。克朗尼打开门，向黑乎乎的下面望去，就像盯着墨水一样。这是一个坑，无法看到下面有什么。克朗尼没有犹豫，直接跳进了黑暗之中。他落在了……什么东西上。

一具尸体。一具严重腐烂到无法辨认的尸体。四肢被捆绑。头骨被压碎。脖子上缠着一条毛巾，有点像绞刑架。格雷丝看到了一双溜冰鞋，上面沾满了干涸的血液。

1920 年 10 月 29 日，阿尔弗雷多·科基在他的老家意大利被指控谋杀了露丝·克鲁格，并被判处 27 年监禁。格雷丝从未见过科基，但她知道他就是罪犯，并证明了这一点。她一定是用了夏洛克·福尔摩斯式的推理，对吗？

错了。格雷丝对这个提问笑了笑，回答说："不，我从来没有读过夏洛克·福尔摩斯系列。事实上，我并不相信演绎法。常识和毅力总能解开谜团。如果你坚持办案，你永远不需要戏剧性的故事，也不需要华生。"

看来，这位与夏洛克·福尔摩斯最相似的真人并不需要识人技巧来解决最棘手的案件，她甚至从未见过罪犯。那么，准确识人的能力是否只存在于小说之中？

并非如此。但在我们学会如何正确识人之前，我们需要知道我们一直识错人的秘密原因……

* * *

在事态极其危急的时候，是谁必须用极少量的信息来分析人们的性格？当生命危在旦夕，且对方拒绝与你合作的时候，什么才是分析对方行为的黄金标准？

我认为是为连环杀手创建的犯罪心理画像。在建立这个人格特征分析系统方面，人们投入了不少时间、精力和金钱。美国联邦调查局的行为科学小组自 1972 年成立以来一直在研究犯罪行为和犯罪动机。这听起来像是一个学习如何以貌取人的不错起点，对吗？只是还有一个小问题……

这种犯罪心理画像不起作用，因为它是伪科学。

即使是没有受过训练的人，可能也会做得很好。2002 年，科研人员克西斯、海思和欧文的研究表明，化学专业的大学生所创建的画像比受过训练的凶杀案调查员更有效。在 2003 年的一项研究中，研究人员向一组警察提供了由专业人员完成的真实画像，向另一组警察提供了一个虚构罪犯的虚假画像。两组警察没有分辨出其中的差别。2007 年的一项荟萃分析（将关于某个主题的所有研究汇总起来以获得全局视角的研究）表明："在预测未知犯罪嫌疑人的特征时，犯罪心理画像师的表现并没有明显超过其他群体。"

英国政府研究了 184 起使用犯罪心理画像来调查的犯罪案件，其得出的结论是，画像仅在 2.7% 的情况下有帮助。你可能想知道为什么我一个美国作者要引用英国的统计数字？因为美国联邦调查局拒绝提供这类数据。犯罪心理画像对他们来说有多大作用？对于这个问题，他们不肯说。

尽管如此，人们还是觉得犯罪心理画像有用。事实上，曾参与法律案件的受访心理学家中，有 86% 认为它有用。而你在 5 分钟前可能还认为它有用。

对于像谋杀这样严重的事情，高层如此依赖的系统怎么会毫无用处？我们是怎么被骗的？事实证明，也不是像你想的那么出人意料。很多人是被占星术和假灵媒骗了，不是吗？我知道你可能在想：“这两件事情不能相提并论。”不，这两件事情是一样的。事实上，完全一样。

在心理学中，这被称为“福勒效应”。它还有个更有名的名字——“巴纳姆效应”。没错，是根据那个臭名昭著的骗子 P. T. 巴纳姆命名的。1948 年，大学教授伯特伦·福勒让他的学生做了一个书面人格测试。一周后，他根据测试结果给了每个学生一个描述他们独特个性的定制画像。福勒要求他们在 0 到 5 之间给这一画像打分，5 分表示最准确。全班给出的平均分是 4.3 分，只有一个学生给出的分数低于 4 分。然后，福勒把真相告诉了他们：全班学生收到的是完全相同的分析。学生连疑心都没有。每个人看着同样的分析说：“没错，这说的就是独一无二的我。”福勒是从哪里摘录了这一画像呢？一本占星书。

巴纳姆效应在研究中反复出现，它是我们的大脑常犯的一个错误。康奈尔大学著名心理学家托马斯·吉洛维奇这样定义它：巴纳姆效应指的是，只要人们相信某段话是在一些“诊断”工具（如星座或人格量表）的基础上专门为自己写的，他们就倾向于把这段泛泛的评估当作对自己异常准确的描述。

这里的关键问题是统计学家所说的"基础率"①（一般称"基率"）。简单来说，基率告诉你某件事情平均来讲有多普遍。"打过一通电话"的基率高得离谱，而"为美国国家航空航天局（NASA）完成过太空漫步"的基率则极低。因此，知道某人打过电话对缩小目标范围没有什么帮助，而知道某人在太空漫步过则可以把目标范围从地球总人口缩小到只有几个人。

警方的犯罪心理画像（无意中）使用了高基率的陈述，就像福勒测试一样。大多数人都想被人喜欢，如果告诉某人他的内心是想讨人喜欢，那么有很大可能这是符合这个人的特征的，但这并不是什么高深的见解。想创建一个有模有样的犯罪心理画像吗？截取一些高基率的事实（90% 的连环杀手是男性，其中 75% 是白种人），然后加入一些无法核实但又错不了的内容（"他有些离经叛道的幻想，但可能不愿意承认这一点"），最后再加入一些随机的猜测（"他仍然和他妈妈住在一起，而且总是穿得很随便"）。如果你猜错了，那就是文过饰非。但如果你有幸猜对了，那么你就像个天才。2003 年的这项研究正是发现了这一点。研究人员故意利用巴纳姆效应，创建了一个由模糊的断言构成的画像，警方认为它和真正的画像一样准确。

福勒愚弄了他的学生，而犯罪心理画像一直在愚弄我们所有人。当我们被告知高基率的模糊特征可以构成一个可信的故事时，我们希望这是真的。事实上，我们会寻找证据来证明这是真的。而且我们有一种强烈的偏见，它让我们倾向于记住那些证实我们的信念的事情，

---

① 未经选择的总体中某类现象的出现率。——编者注

而忽略那些相反的证据。

人们求助于水晶球和塔罗牌①并不是为了获得冰冷的答案，而是为了获得一个让他们对自己的生活有掌控感的故事。假通灵师和舞台魔术师采用的方法叫作"冷读术"，这种方法利用巴纳姆效应和基率，让人们觉得这些人可以读心和预测未来。而我们的大脑则与他们合谋，使他们告诉我们的故事听起来像是真的。心灵主义者斯坦利·贾克斯证明了这一点。他给人们看手相，然后做出和手相透露的信息相反的预测。结果呢？没有关系，人们照样对预测深信不疑。

正如 2007 年马尔科姆·格拉德韦尔在《纽约客》上发表的一篇文章中所解释的那样，犯罪心理画像基本上就是不走心的冷读术。劳伦斯·艾利森是论证犯罪心理画像无效的主要研究者之一，他甚至引用了一项关于通灵的研究，将其与犯罪心理画像相比较。他说："一旦顾客积极地参与进来，试图理解读心者说出的一系列时而相互矛盾的陈述，他就会变成一个具有创造力的问题解决者，努力在陈述中找到一致性和意义。"我们不是在客观地评估我们所听到的内容，而是在积极地参与，努力拼上这块拼图。这就是合理化、找理由，把一些模糊不清的东西认为是"足够贴切的"。

也许你认为那些相信水晶球或塔罗牌的人智商很低，但其实我们或多或少都受着这种偏见的影响。占星师的人数超过天文学家是有根深蒂固的原因的。正如吉洛维奇所说，人类倾向于在无意义之处看到意义。在情感上，我们希望对身边的世界有掌控感，我们也迫切地需

---

① 塔罗牌由 "TAROT" 一词音译而来，是西方古老的占卜工具。——编者注

要这个世界至少看起来有意义。为此，我们需要一个故事，即使它不是真的："哦，我们分手了，都是因为'水逆'①。"

　　分析他人的真正难点往往不在被分析的人身上，而在我们自己身上。是的，解码他人的行为是困难的，但我们很少意识到，也从未解决其背后的问题，即我们的大脑经常与我们作对。我们认为读懂别人的秘诀是要解开在身体语言或识别谎言方面的神奇密码，但我们需要面对的主要问题是我们自己的认知偏见，这才是我们真正需要克服的。

---

① 完整的说法是"水星逆行"。在占卜学上，水星逆行现象会影响记忆、沟通等。现在，"水逆"成为网络流行语，意为运势不佳、诸事不顺。——编者注

第 2 章
天才马汉斯

1900 年，威廉·冯奥斯滕意识到他的名叫汉斯的马是天才。好吧，不是爱因斯坦或者斯蒂芬·霍金那种人类天才，但作为一匹马来说算是天才了。汉斯会成为有史以来最著名的马之一，并将推动科学取得巨大的进步……但是，不是以冯奥斯滕预料或期望的方式。

冯奥斯滕是一名数学教师、驯马师和骨相学者，深信人们低估了动物的智力。他对此非常认真，于是他开始教汉斯学数学，并用糖块和胡萝卜作为答对问题的奖励。他在接下来的 4 年里每天都会这样做（你还以为你的邻居疯了呢）。但是马真的能像人一样学习吗？还是说这一切荒谬至极？

总之，经过漫长的 4 年训练后，冯奥斯滕首次公开展示了汉斯的技能。一群观众聚集到舞台前，冯奥斯滕转向汉斯说："2 加 1 等于多少？"汉斯踩了 3 下脚。观众露出了愉悦的笑容。"16 的平方根是多少？"汉斯踩了 4 次脚。笑容消失了，取而代之的是惊奇。"这周三是这个月的第几天？"汉斯踩了 9 次脚。观众倒吸了一口凉气。

然后汉斯做了分数题，告知了时间，数了现场观众的人数，甚至还计算了戴眼镜的观众人数。后来有人估计汉斯的数学能力相当于一个 14 岁的孩子。汉斯不仅仅对口头命令做出反应，在冯奥斯滕在黑板上写下数字"3"后，它的反应是踩脚、踩脚、踩脚。

通过将字母表编码成数字（A=1、B=2，等等），汉斯能够拼写单词、回答问题，还能识别颜色、扑克牌以及人群中的人。如果你播放一首歌曲，它能"说"出作曲家的名字。如果你给他看一幅画，它能"说"出画家的名字。汉斯并不完美，但它10次中大约有9次是对的。

没过多久，这匹被称为"聪明的汉斯"的马就声名远扬了。冯奥斯滕带着它去巡回演出。很快，来看汉斯表演的人越来越多，它成了轰动性的"人物"。远在德国之外的人们也开始注意到它。当然，也有人持怀疑态度。是不是冯奥斯滕告诉了它答案？整件事情是不是被人操纵的？最后，汉斯出名到连政府都介入了，他们想要测试这匹神奇的马。

1904年，德国教育部成立了汉斯委员会。正如《纽约时报》所报道的那样，该委员会没有发现任何欺诈行为。最让人信服的是，就算冯奥斯滕不在场时，汉斯也展示了它惊人的能力。在这之后，汉斯传奇彻底传开了，有些人相信这匹马可能会读心术。

但不是所有人都买账。奥斯卡·普丰斯特是一位年轻的科学家，也是汉斯委员会的成员。他想做进一步的测试，提出了更多问题，并测试了更多的变量。汉斯的表现仍然非常出色，但普丰斯特注意到两个不寻常的现象，这让他起了疑心。

首先，虽然他们在不让汉斯分心方面做得很好，但有一件事没有人考虑过，那就是在测试过程中马在注意什么。普丰斯特指出，汉斯"从来不看它要数的人或物，也不看它要读的字，可它还是做出了正确的反应"。

其次，没有人关注汉斯给出的错误答案。是的，它在绝大多数时候是正确的，但是当它犯错的时候，它给出的答案错得非常离谱，这意味着它并没有真正地"理解"问题。它的错误答案是牛头不对马嘴的那种错误。

所以，普丰斯特决定尝试新的做法——给汉斯戴上眼罩，这样它就无法看到提问者。呜呼！汉斯头一次变得具有攻击性。它顽强抵抗，努力想要看到提问者。最后，他们设法让它戴着眼罩完成了测试，它回答问题的准确率从 89% 骤然下降到 6%。

普丰斯特仍然感到困惑，但他知道自己正在接近真相。这一次，他摘掉了眼罩，这样汉斯就可以看到提问者，但他不让提问者知道问题的答案。再一次，汉斯表现得非常糟糕，准确率从 90% 变成了只有 10%。如果汉斯看不到提问者，或者提问者不知道答案，它的智商就会突然下降。

普丰斯特终于明白了，汉斯并不是一个天才，它能做的是极其准确地读懂人类。研究表明，即使是细微到 0.2 毫米的人类头部运动，马都能探测到。在美味糖块的充分激励下，当汉斯踩到正确的次数时，他就能捕到提问者无意识的暗示。汉斯只是一匹在食物的激励下对刺激做出反应的普通马。当它受到惊吓时，它不会踩脚说："哇，真是出人意料，不是吗?"它只会发出嘶鸣声，并咬住它旁边的人，这跟其他马一样。在普丰斯特公布了他的结果后，冯奥斯滕做出了理性、客观且具科学性的举动：他大发雷霆，拒绝进一步测试，并且带着他的马回家了。

但是，汉斯不仅对心理学，而且对整个科学界产生了巨大影响。今天的教科书仍然会提到"聪明的汉斯效应"，也就是"观察者效应"。

如果你听说过"双盲研究"这个术语，你就要感谢你的小伙伴汉斯。它带来的这种研究方法对当今的科研方式产生了深远的影响。通常情况下，医药研究者会给一半被试提供活性药物，给另一半被试提供安慰剂。但是，假设作为实验者，我知道哪一个是安慰剂，那么每当我把它给到被试时，我都会嗤之以鼻地翻白眼。这就像汉斯在回答问题时一样，知道"答案"的实验者会自觉或不自觉地把信息透露给病人，这就会降低实验的客观性。所以现在的研究都是在"双盲"的状态下进行的，病人和实验者都不知道哪个是安慰剂。这就像给汉斯戴上眼罩一样。

汉斯并不是天才，但它能读懂人。如果一匹马都能学会读懂别人的想法，那么我们当然也可以，对吗？

你想具备读懂别人心思的能力吗？你想知道周围人的想法和感受吗？你当然想。想拥有这种能力并不说明你就是疯子。研究表明，即使在这方面有一丁点儿优势也是相当强大的。"准确的人际感知"对个人和人际关系有一系列的好处。

研究表明，拥有这种能力的人更快乐，不那么害羞，可以与人相处得更好，建立更加亲密的关系，他们的薪水涨得更多，工作绩效也更好。在我们仔细观察那些能够更好地解读身体语言，善于非语言交流的人时，我们也看到了类似的积极效果。

哇，我也想要！但有一个问题：平均而言，我们当中绝大多数人在这些方面的技能很糟糕。真的，糟糕到可笑。芝加哥大学教授尼古拉斯·埃普利发现，当你和陌生人打交道时，你只有 20% 的时间能够正确解读他们的想法和感受（随机准确率为 5%）。当然，当你和认识的人打交道时，准确率会高一些，但也高不了太多。如果是和亲密朋友相处，准确率会达到 30%，而对于已婚夫妇，这个数字则达到 35%。这种成绩放在学校里只能拿 F。事实上，更可能拿到 G。总之，不管你怎么猜伴侣的心思，2/3 的情况下你都是错的。

然而，真正好笑的部分在这里：我们自认为自己在读懂别人方面很厉害。这又是那个讨厌的大脑在讨好我们。人们在评估伴侣的自尊水平时，准确率是 44%，但在 82% 的时间里，人们认为自己评估得很准确。而且和伴侣在一起的时间越长，人们对自己的评估就越有信心。准确度呢？它并没有提高，人们只是变得更加自信而已。

我们怎么能错得如此离谱，又如此盲目自信？这种现象的专业术语叫作"利己锚定"。埃普利说，我们太沉浸于自己的视角中了："……多项调查发现，大多数人倾向于夸大别人的想法、信念和感受与自己的相似程度。"就像犯罪心理画像一样，我们太局限在自己的头脑和故事里了。

研究表明，即使我们试着从别人的角度出发，我们的准确度也没有提高。是的，这样做会减少我们那些以自我为中心的偏见，但是我们用以取代偏见的内容也不准确。假如我们开口问别人，我们的准确度会有所提高，但我们问得不够多。通常情况下，我们只是在自己的脑子里玩味自己的故事，把某种糟糕的假设替换成同样糟糕的不同假设。

那么，有谁在解读他人想法和感受方面明显更胜一筹呢？如果我必须回答这个问题的话，我会说"没有人"。但严格来说，这不是真的。因为很明显，有些人在这方面具有优势。但即使是这些人似乎也有无法突破的上限，而且是一个相当低的上限。心理问题可以在某个方面赋予你巨大的能量，但这往往会被另一方面的缺陷所抵消。我们在解读他人方面很糟糕，但"幸运"的是，我们总是对此浑然不觉。

我知道有些人在想："等一等，女人看人不是比男人更准确吗？"哎，这又撞上政治正确这根高压线了。撇开政治议题和性别辩论不谈，在你内心深处，你认为在看人的时候，男性和女性之间有任何区别吗？你猜猜满满一卡车的科学研究是怎么说的？

没错，女性更优秀。有充分的证据表明，女性在觉察非语言交流方面更具优势。虽然只有大约2%的优势，但这种优势在不同的年龄段、不同的测试方法和文化中都存在。虽说如此，女性也不是在各个方面都存在优势。女性的测谎能力并不比男性强，只是在解读面部表情和识别情绪方面更厉害。

那么为什么女性在这些方面比男性更强呢？研究表明，这并不是由生理区别直接导致的结果，而是由于某个可以使所有人都能更好地读心的因素：动机。

当深入探求底层原因时，许多研究者发现，平均而言，女性比男性更有动力去准确读懂人心。她们只是更感兴趣，而且更努力。托马斯和梅约在2008年进行的一项研究切实证明了这一观点。如果你告诉男性，具有共情能力会让女性对他们更感兴趣，你猜会发生什么？没错，男性的动机提高了，他们准确感知他人的想法和感受的能力也提高了，这就跟汉斯想要那些胡萝卜一样。当然，也有相反的一面：当动机下降时，准确率也会下降。在不幸福的婚姻中，比起解读伴侣，丈夫能够更好地解读其他女性的非语言信息。

对于神经科学家来说，这些都是意料之中的。他们知道我们的大脑在大多数时间里是多么地懒惰。激励几乎是神经科学中的灵丹妙药。即使将垃圾作为奖励，也能使我们的大脑几乎在所有事情上都能表现得更好，因为大脑的默认状态是几乎不关注任何事情。波士顿大学教授以及该大学注意力和学习实验室的共同创始人迈克尔·埃斯特曼说："科学研究表明，当人们受到激励时，不管激励是内在的，即他们喜欢这件事，还是外在的，即他们会得到奖品，人们都能更好地保持持续的大脑活动，并对意外情况做好准备。"

当人们在判断恋爱对象的想法时，准确度会上升。同样，一项研究当让心动的女性倾听她们的男朋友接受其他漂亮女性的采访对话时，你猜发生了什么？没错，她们能够更准确地预测男朋友给出的答案。但是，当事情无关紧要时，我们的大脑就只是懒洋洋地打发时间而已。

在我们这类书中，我是不是应该为这种核心观点起一个响当当的名字？比如"五秒法则"之类的。算了，我可不想让警察来抓我。在这里，我还是将其命名为"懒惰大脑定理"。

因此，要想更好地读懂人心，第一步就是要有好奇心。更好的办法是，为自己提供某些外在的好处或经受一些损失来激励自己。

问题是，即使有足够的动机，我们也只能在一定程度上提高技能。我们天生就不善于读懂人心。激励可以提高准确度，但只适用于那些有足够表达能力和可读性强的人。如果你面对的是一张打过肉毒杆菌的扑克脸，即使有激励也不会有什么帮助。这就引出了我们的第二个重要观点：可读性比读心技巧更重要。读心技巧就那么几种，但每个人的可读性天差地别。我们能够读懂某人的主要原因不是我们有技巧，而是因为此人更具表达性。

因此，就读懂他人的想法和感受而言，如果"以貌取人"只是意味着被动地分析他人，那么这种做法几乎毫无用处。即使再给这个成语一个机会，假设它比字面意义更有深意，我们依然无计可施。那是不是应该对我们经常误解他人，且对此无能为力件事认命呢？不。要想以班上第一名的成绩毕业，我要么提高我的成绩，要么让其他人考得更差。我们将专注于后一种方法。我在学校时就是这样做的，所以，我把这种方法命名为"高中埃里克定理"。

既然我们没办法把自己的读心能力提高太多，我们就必须集中精力提高对方的可读性。

与电视剧里的夏洛克·福尔摩斯那样被动地分析对方相比，我们更需要主动引导对方给出更明确的信号，以获得更多揭示信息的反应。第一个，也是最简单的方法是控制环境。你是选择通过一起喝茶来了解某人，还是通过一起踢足球来了解对方？前者也许能让你收获更多信息（如果你能相信他所说的话），但后者能直观地让你看到他如何做出决定、制定策略，以及他是否无视规则。你让一个人接触到的刺激越多样，他展露的方面也就越多。

把其他人带入场景中也很有用。在场的第三方可以让一个人展露出不同的侧面。（如果你只在某人的老板在场时与他打交道，你认为你看到的会是完整的他吗？）另外，不要谈论天气。情绪化的反应才更加真实，而安全的话题则将人们变成泛泛而谈的政客。当杜克大学教授丹·阿里利引导第一次约会的人谈论堕胎等一些禁忌话题时，约会双方不仅对对方了解得更多，而且这种谈话也给他们带来了更多的乐趣。

正如我们之前所说的，我们的大脑往往就是问题所在。我们倾向于关注错误信号。这里就要引出身体语言的问题了。大家都超爱身体语言，但各种文献的结论是一致的——有意识地分析身体语言这种做法的价值被严重地高估了。没有人创造出过"身体语言的罗塞塔石碑"①是有原因的。非语言线索是复杂的，它具有环境依赖性和特异性。我们永远无法确定是什么导致了什么。对方在发抖，但你无法确定这是因为他很紧张，还是因为他感到很冷。另外，有一点很关键：如果你不清楚基线，那么身体语言将毫无用处。有些人总是坐立不安，那么看到他发抖则毫无意义。而另一些人很少坐立不安，那么他发抖所传达的信息就非常丰富。如果你不知道他们的默认状态，你就会又一次让自己的大脑编织充满幻想的故事。

---

① 罗塞塔石碑是一块同时刻有古埃及象形文、古埃及草书以及古希腊文 3 种文本的石碑，是解密古埃及文明的钥匙。此处是指分析身体语言的关键线索或工具。——编者注

说实话，如果你想密切观察某人的话，那就跳过身体语言，把注意力高度集中在他们所讲的话上。当我们能听到某人说话但看不到他时，我们的共情能力只下降约 4%。但当我们能看到他却听不见他说话时，共情能力的下降幅度高达 54%。所以，少关注对方是否跷着二郎腿，多关注他的声音何时发生了变化。

总之，科学研究表明，读懂我们周围人的想法并不是我们天生擅长的事情，不过这些研究确实给了我们一些启示，让我们可以做得更好。但当遇到一个我们一无所知的陌生人时是什么样的情况呢？

准备好来了解第一印象是如何发挥作用了吗？我们如何能在这方面做得更好？（汉斯，想说"是"的话跺一次脚，想说"还没"的话跺两次脚。）第一印象是"以貌取人"的一个关键部分，但为了理解在第一印象方面的核心问题，我们需要先快速了解一下大脑中的记忆世界……

第 3 章
完美的记忆

"我的记忆力有问题……"邮件中说。詹姆斯发出了一声疲惫的叹息，他源源不断地收到这类电子邮件……

詹姆斯·麦高是加州大学欧文分校的神经科学教授，也是世界顶尖的长期记忆专家之一。但是，这个身份的缺点之一是他会收到很多陌生人的电子邮件，这些人丢了一次钥匙，就立即认为自己得了阿尔茨海默病。因此，他对于最新收到的这封邮件的处理方式与之前一样：如果发信人真的担心有问题的话，把他（她）转介到可以进行相关测试的诊所。

但吉尔·普赖斯立即给他回信说不行，她需要他。詹姆斯翻了翻白眼。但吉尔紧接着说了一句话，让他停了下来，这是他以前从来没有听说过的。吉尔重复了一遍她的记忆问题……

她的问题是，她无法忘记事物。"她可能是个疯子。"他想。但是管他呢。所以当吉尔前来赴约时，詹姆斯从书架上拿下一本书。那是一本列出 20 世纪所有大事件的参考书。他随便翻开一页，问道："罗德尼·金是在哪一天遭到洛杉矶警察殴打的?"

吉尔毫不犹豫地说："1991 年 3 月 3 日。那是一个星期天。"一个问题接着一个问题，她都回答得无懈可击。詹姆斯很惊讶。吉尔回答这些问题就像回答她叫什么名字那样迅速。他以前从未见过这样的事情……

　　但随后她答错了一个问题。詹姆斯放松了下来，看来这件事并没有那么地不可思议。"对不起，吉尔，伊朗人质危机发生在 1979 年 11 月 5 日。"但吉尔摇了摇头。"不，是发生在 4 日。"于是詹姆斯查阅了另一个参考资料……

　　吉尔是对的，那本书错了。之后，詹姆斯意识到，吉尔能够几乎毫不费力地记得她成年后的每一天里自己去了哪里，做了些什么事，和谁在一起，以及感受如何。但吉尔近乎完美的记忆是自传式的，因为她只记得那些直接发生在自己身上的事情，不记得她所读到或者学到的一切。而且，坦率地说，她在学校里成绩也没有特别好。不过由于吉尔是一个新闻迷，所以她能够记住詹姆斯拿的那本书中的事件。

　　詹姆斯以前从来没有经历过这样的事情。2006 年，他发表了论文《一个不寻常的自传式记忆案例》，介绍了对吉尔的研究。最初，他将她的情况命名为"超忆症"，后来它被称为 HSAM（highly superior autobiographical memory，超级自传式记忆）。

　　这项研究受到了主流媒体的广泛关注。数百万人听说了 HSAM，成千上万的人开始联系加州大学欧文分校，声称自己有这种病。詹姆斯开始一个接一个地测试他们，然后意识到这些人要么是搞错了，要么是在发疯或者在撒谎……但其中 3 个人没有。詹姆斯感到很兴奋。现在，他可以着手揭开 HSAM 的神秘面纱了……

　　平均来看，他们那些可以被第三方验证的记忆中有 87% 是准确的。想象一下，让你回忆 20 年前的某一天，10 次中有 9 次你能说出那天你做了什么，和谁在一起，甚至你的感受如何。詹姆斯越来越清楚 HSAM 的工作原理，这与他的预料相反：这些人并不擅长记忆，他们只是不擅长遗忘。我们的记忆会随着时间消逝，而他们的记忆不会，每一天都像昨天一样清晰可见。

詹姆斯发现拥有如此不可思议的记忆有其温情的一面。患有 HSAM 的人描述了他们的"旅行"——就像看电影一样，穿越时空，重温他们的完美记忆。吉尔的丈夫已经去世了，但毫不夸张地说，"她永远不会忘记和他在一起的每一个瞬间"。很令人羡慕，对吗？但也许并非如此……

当被问及时，詹姆斯说吉尔不想有这样的记忆。嗯？亲爱的读者，你要知道，当吉尔向詹姆斯发出第一封电子邮件时，她并不是为了和他谈论自己的"天赋"。她联系他是因为她觉得自己受到了诅咒，她想要获得治疗，想要摆脱它。

几十年来，吉尔的完美记忆一直困扰着她。它就像一个恶魔般的非自愿搜索引擎，用搜索结果将她淹没。当听到电视上提到了一个日期，她的头脑一下子就回到那一天了。她无法停止记忆的洪流：分手场景、错误决定、各种各样令她后悔的事。在人的一生中，有很多事情最好是忘得一干二净。

我们的大脑是有偏见的。有时，这些偏见是为了我们自己好。许多人以为记忆运作起来就像一台完美的摄像机，但事实上，记忆会随着时间的推移而发生扭曲。我们会忘记细节，重构事件，或者改变叙述，使自己成为正义的英雄或者无辜的受害者。我们会忘记坏事，记住好事，这有助于我们释怀和自我疗愈。但吉尔不能"以新的眼光看待事件"。她的记忆就是一台如上文所说的完美的摄像机。她无法找理由为自己开脱，忘记细节，或者推掉责任。

而这似乎还不是 HSAM 最糟糕的诅咒。当一个拥有完美记忆的人要和那些没有完美记忆的人打交道时会发生什么？对此，有一句话是这么说的："没人喜欢百事通。"你有没有这样一位伴侣，他从不放过任何旧账，对你的过失总是记得一清二楚？那么，请把这一点放大 10亿倍。

奇怪的是，从逻辑上来讲，患有 HSAM 的人说的是对的，也就是他们大多数时候可能是正确的，而你可能是错误的。但是人与人之间的关系并不是这么简单。没有人喜欢犯错，特别是当他们的确错了的时候。我们天生期望能够互惠互利，分担责任，保持平衡，即使严格来说，我们有时不配拥有这些权利。当事实确凿时，"大多数时候，你都对，所以现在轮到我是对的了"这句话从理性上来说是没有道理的。完美的记忆不是民主的，但关系确是如此。在美国《60 分钟》电视节目的访谈中，一位受访的 HSAM 人士说："原谅与忘记……好吧，二选一也不算坏。"

那期节目召集了一群患有这种疾病的成年人。几乎所有人都是单身，也都没有孩子，除了一个人以外。是的，玛丽卢已经结婚了。事实上，她结了 3 次婚。HSAM 患者比尔·布朗说，在他所认识的 55 位患有 HSAM 的人中，只有两个人的婚姻是美满的。而他所接触过的每一个 HSAM 患者都与抑郁症作过斗争。

可以肯定地说，你没有患上 HSAM，因为到今天为止，世界上只有不到 100 名 HSAM 患者被确诊。(如果你真的有这个病,你会清晰记得你被确诊的那一天。)但在某一细节方面,我们都有这个病。让我们来看看 HSAM 这把双刃剑为什么是我们理解第一印象的秘密武器……

* * *

每个人都告诉你第一印象很重要。你猜怎么着? 他们是对的。许多研究表明,不仅在最初的接触中,而且在之后很长一段时间里,第一印象都具有巨大的影响。第一印象是如此强大,以至于它引发的瞬间判断能够预测选举结果。普林斯顿大学教授以及脸部心理学专家亚历克斯·托多罗夫说,仅仅问人们"哪位候选人看起来更有能力"就能在 70% 的时候测准谁会在政治竞争中胜出。这一效果在全世界范围内一再重现。另外,招聘者在面试前对求职者的印象与面试后对他的印象之间存在着强关联,这表明双方的最初接触可能是决定求职者能否获得新工作的最重要因素。

有句格言是"不要以貌取人",不管这条建议是对是错,它都有一个很好的理由:因为我们确实以貌取人,快速且本能地以貌取人。我们真的是不由自主地这么做了。而这里的"貌"通常是指某人的长相。我们能够在 100 毫秒内对某人的自信心、吸引力、能力、可爱度和可信度做出判断。而且,就像读心能力一样,我们并不会因为与对方接触了更长时间而显著地改变我们的观点,我们只会更加相信自己的判断。

更有趣的是，我们做出的这些判断不仅快速，而且还很一致。如果我认为某张脸庞值得信赖、有支配力或有能力，很可能你也会这样认为。从根本上来说，这些判断不是理性的，但我们没有时间深思熟虑。这些判断通常是基于大家共有的观念，同时，在较小程度上也基于我们与他人打交道的个人经验。

关键是，我们的第一印象往往出奇地准确。人们不仅常常对第一印象做出一致的判断，这些判断还具有惊人的预测能力。即使只是头一次看到某人微笑，就足以让观众对于此人 10 个基本人格特质中的 9 个做出具有 2/3 准确率的预测，不管这些特质是性格外向、自尊心强，还是有政治偏好。

你也很擅长在短暂的邂逅中本能地判断某人的做事能力。人们在观看一位老师的无声上课视频 30 秒后，就能够预测学生对这位老师的评价。若观察某人 5 分钟，准确率可提高至 70%。我们可以从简短的行为片断中凭直觉判断一个人是什么样的，这一能力在许多方面都很强大，包括判断对方是否聪明、富有、无私，或者对方是不是个精神病患者，这些判断都比随机猜测更为准确。同样，这些印象并不是依靠理性产生的。这意味着你思考得越少，反而越准确。

有些人可能会说："感谢老天，我们可以简单地相信自己的直觉了。真是松了口气。"别急，在这儿我们谈论的仍然是人类，没有什么关于人类的事会是那么简单的。确实，我们的直觉很好，好到有 70% 的准确率。可如果你的孩子拿回家的成绩单上全是 D，你会高兴吗？我猜不会。

另外，毫不奇怪的是，不准确的情况中有相当一部分得归咎于大脑的偏见。我们在这里说的不一定是种族偏见或者性别偏见，而是植根于脑灰质的基本认知偏见。这些偏见通常也是认知捷径。进化让我们的大脑变得更快、更高效，但是牺牲了准确性。

这就是为什么长了娃娃脸的人能够逃脱谋杀罪的惩罚。我可不是在打比方。研究表明，在长了娃娃脸的人被指控故意伤害的法律案件中，他们更有可能打赢官司，但在被指控过失犯罪时则更有可能败诉。这是为什么？因为我们能够预料到孩子会犯错，但很难相信他们就是邪恶的杀人犯。我们的大脑会把这一点延伸到长着娃娃脸的成年人身上，这个过程被称为"过度概化"。但是长了娃娃脸的人真的更无辜吗？并非如此。长着娃娃脸的年轻男性"在童年和青春期早期会表现出更多的消极性。他们在青春期早期会吵更多的架，撒更多的谎，在青春期后期会更加独断，更有敌意。所有这些都与人们对长了娃娃脸的人的印象相矛盾"。

如果你认为你可以通过有意识的努力来克服这些偏见，那你可能就错了。因为许多研究表明，我们对所认识到的偏见有一种偏见。即使你向人们指出并解释这些偏见（就像我现在做的这样），人们通常也只会在别人身上看到它们，却认为自己是客观的。更复杂的是，有些偏见是有帮助的。研究结果表明，当一个偏见在一定程度上是准确的时候，你在逻辑上的预期是正确的，即消除这个偏见会降低你预测的准确性。

我们可能会产生千千万万个认知偏见，我没有办法简明扼要地解释所有这些偏见。但是，当涉及第一印象时，我们主要需要与之战斗的是验证性偏倚。我们倾向于寻求并偏爱那些与我们已经持有的信念相一致的观点。我们并不检验自己的理论，我们只是寻找信息来巩固我们已经决定的立场而已。

如果你仔细观察，就可以注意到其他人（和你自己）一直以微妙的方式持有这种验证性偏倚。对于能够证明我们理论的信息，我们的标准就会降低，而对于反驳我们理论所需的证据，标准就会提高。（"400 项研究说我错了？那么我应该继续寻找……找到一项说我是正确的。看来我找到了答案。"）这就像我们前文所说的冷读术：我们只记住自己说对的内容，而无视所有没说对的内容。每个人都会这样做，是的，也包括你。没有人觉得自己有问题，而这就是问题所在。

正如研究者尼古拉斯·埃普利所说："你的第六感的速度很快，而且不太愿意再猜第二次。"一旦我们在脑海中给某人编织好一个故事，我们就很难再去更新它。这使我们对第一印象这把双刃剑有了一个初步的认识，我们称之为"第一印象悖论"。

第一印象一般来说是准确的，只是第一印象一旦形成就很难改变。

在第一印象方面，就像患有 HSAM 一样，我们不会改变记忆。我们就像是被锁定在先前的判断之中一样，而这可能会极大地影响我们的关系。我们经常思考群体刻板印象的坏处，但我们对于个体也有刻板印象。当你第一次见到某人时，你觉得他长着一张"不值得信任"

的脸，所以你比平时表现出更冷淡的态度。而由于你对他保持距离，因此他对你也保持距离。他的这种合理反应引发了你的验证性偏倚："瞧，我就知道他不是好人！"现在你们对彼此都有了戒心。所谓"气场不合"，就是你能得到的最科学的解释。

有些人说，他们会更新自己对他人的第一印象。当然，有时我们确实会这么做。但是，这种表象之下隐藏着狡猾的一点：在得到关于某人的无可争议的新信息时，即使我们的显性印象会改变，我们的隐性印象也不会改变。换句话说，你那些理性、基于证据的观点可以改变，但你对于这个人的感觉完全不变。第一印象总是挥之不去，即使我们以为自己已经克服了它。

虽然我们永远无法完全消除第一印象所带来的偏见，但我们可以通过努力来改善情况。首先，我们需要牢记前文所说的让我们更好地读懂人心的因素——动机。比起努力提高你的读心技巧，不如集中精力提高对方的可读性，这会带来更大的改善。

但关键是，我们要抵御验证性偏倚所形成的可怕黑洞。我们的大脑会在几毫秒内开始形成关于某人的观点和故事。这没什么关系（也不可能停止），但我们需要保持开放的心态。我们要采取科学的方法，对我们的假设进行验证，而不是盲目地接受我们获取到的第一印象。

那么，我们如何避免验证性偏倚呢？这里有 3 个关键步骤。

1. 负起责任

如果你对某人的看法可能会导致他（她）被判处死刑，那么你会

放慢脚步，更加深入地了解案情。在盖棺定论之前，你会再三检验你
的准确性。心理学家阿里·克鲁格兰斯基的研究表明，当我们设定严
格的责任制时，我们就会在彻查证据之后再得出定论。一个有趣的方
法是把这个过程视为一个游戏：你向自己发起挑战，看看自己能否形
成更准确的观点，并对此负责。

2. 在下决定前保持距离

在玛丽亚·康尼科娃的精彩著作《福尔摩斯思考术》中，她详细
阐述了纽约大学心理学家雅各布·特罗普的研究，展示了为何保持一
定距离可以让我们更加理性和客观："那些被告知后退一步，从一个更
大的视角来看待情况的成年人会做出更好的判断和评价，他们也会有
更好的自我评估和更少的情绪反应。"这正是我们需要的技能，来更准
确地评估新认识的人，并抵御我们的大脑立刻形成第一印象的冲动。

3. 考虑反面情况

我们的大脑倾向于只记住我们说对的内容，而无视那些没说对的
内容。如果我们想做出改进的话，就必须强迫自己考虑那些被忽视的
内容。保罗·纳斯把这种态度发挥到了极致。他说："如果我有一个想
法，并且有观察结果支持这个想法，比起把它拿出来亮相，我会先以
不同的角度审视它，并试图驳斥它。只有当它幸存下来时，我才会开
始谈论它。"这也许就是他获得诺贝尔生理学或医学奖的原因。

从长远看，你还可以通过更好地了解你的个人偏见来获得改善。

你经常会犯哪些错误？你会过快地假设别人与你相似或者与你不同吗？你太容易轻信别人，还是疑心过重？努力调整你一贯持有的偏见是一个不错的改善方法。

最后想说的是，在我们对于验证性偏倚的小小探索中，有两个非常实用的重点。首先，听从那条你已经听过无数遍的建议：给别人留下一个良好的第一印象。现在你知道它是多么地重要了。确保你向对方展示的是你性格中希望别人不会轻易忘记的那一面，因为他们真的不会忘记。（不过，如果你真的是一个混蛋，而且马上要跟我第一次见面，请直接表现出混蛋的样子。这会帮我大忙的。谢谢。）

另一件需要记住的事是：再给别人一个机会。如果不采用这个策略，你最多只有 70% 的准确率。也就是说，在你遇到的每 10 个人当中，你至少会对其中的 3 个人做出错误判断。而且实际情况会比这更糟糕。正如康奈尔大学的托马斯·吉洛维奇指出的，假设你遇到的是一个好人，只是他今天过得很糟糕，给你留下了不好的第一印象，那么，你会怎么做？你以后会避开他，不给他机会来证明你的第一印象是错的。但如果某人给你的第一印象很好（无论这个印象是否准确），你会试着花更多的时间与他相处，这让你有机会进一步评判他，不管判断结果是好是坏。而这就会导致你给出的负面判断会比你给出的正面判断更不可靠。研究还表明，我们给出正面判断的评判门槛比给出负面判断的评判门槛高，而且比起负面印象，我们获得的正面印象更容易被扭转。如果你决定以后都躲着某人走的话，此人在你这里就没有"上诉"的机会了。

　　读完上文，你的第一印象所带来的直觉判断可能会变得更准确了。但总的来说，像读一本书那样去识人仍然是站不住脚的，因为对我们来说，那样被动地识人基本上是不可能的。我们还能从这些研究中得出哪些提示来获得改善呢？每当我们试图了解某人时，他都有可能误导我们。那么，我们该如何对付这样的"骗子"呢？

第 4 章
瞒天过海的"假球王"

尽管踢了 20 多年的职业足球，但卡洛斯·凯泽从未进过一粒球。事实上，在这 20 多年中，他只踢了 30 场比赛。卡洛斯·凯泽不是一个很好的足球运动员。但这不是什么问题，因为他是一个优秀的骗子。

他曾为世界上最好的球队效力，包括博塔福戈和弗卢米嫩塞。他赚得盆满钵满，与名人一起开派对，被众多美女环绕。他没有做的事是：真正地踢球。其他球员给他的绰号是"171"。为什么？因为这是巴西监狱中代表诈骗犯的数字。

卡洛斯·凯泽于 1963 年 4 月 2 日出生在巴西，原名叫卡洛斯·恩里克·拉波索。他那时很穷，但理想远大。正如他在一次采访中所说："我知道实现梦想的最佳途径是足球。我想成为一名不用真的踢球的足球运动员。"说实话，他在这项运动上并不差劲。10 岁时，他有了一个经纪人。16 岁时，他与墨西哥顶级球队普埃夫拉签约。但只有一个问题："我不想踢球。"大多数年轻球员都渴望上场比赛，展示自己的实力，而凯泽恰恰相反，他千方百计地避免上场。

但是，他要如何保持这种状态 20 年呢？凯泽创建了一套体系。首先，与所有顶级球员交好。凯泽也许就没喜欢过踢球，但他喜欢夜总会。他在巴西所有热门的场所里都有关系。认识凯泽就意味着拥有足球明星的 VIP 位置和免费饮料。

接下来，他让这些球员为自己做担保。他的球赛履历并不出色，但过往的历史表明他确实有点天分。于是，在他的授意下，明星球员开始向他们的教练吹耳边风。不久之后，凯泽就能签下一份短期的试训合同。这正是他所要的。特洛伊木马现在就可以进入城内了。

正式成为球员后，凯泽会说他需要时间来恢复体能。这将为他争取到几个月的时间，在这期间他既可以赚到钱，又可以毫无压力地玩乐，不用去做他讨厌的事情——踢足球。等到他最终不得不踢球时，他会自信满满地跑到训练场上，准备好做一个踢球的大动作，接着立即摔倒在地。他痛苦地哀嚎，紧紧抱住自己的大腿。没有人能够像凯泽那样假装受伤，他的演技可以拿奥斯卡金像奖。在没有核磁共振的年代里，教练们不得不相信他的话，毕竟球队里的明星球员都站在他这边。因此，他又能继续领取几个月的支票。

在此期间，凯泽可没有虚度光阴。他不停地开派对享乐（奇怪的是，他的伤势似乎从未影响到他的跳舞能力）。其他球员知道他是个骗子，知道他的踢球水平无法跟他们相比，但是他们喜欢他。凯泽是个魅力十足的人，可以确保其他球员总是能够获得乐趣（在球队造访的每一个城市里，凯泽似乎总能把这座城市里最漂亮的女孩介绍给他们，这倒也没有什么坏处）。因此，当教练开始对凯泽长期受伤起疑心时，球队的明星球员便会急忙为他辩护。

当然，他不可能永远这样做，但这也不是什么问题。他只需要转到另一支球队就好了。在前互联网时代，要获取一个球员的统计数据并不容易。一个国家的足球比赛很少在其他国家进行电视转播。大部分的球员招募工作都是靠口口相传。以他讨好队友的方式,让另一家俱乐部的球星为他做担保并不难。很快,他就又有了一份试训合同,然后重复整个循环……

不过,这并不是说他维持骗局很容易。20 多年来,有许多时候险象环生。有一次,他已经用完了受伤伎俩,而球队即将进行第一次公开训练。当所有受欢迎的球员都为凯泽唱赞歌时,球迷们也殷切地期待看到他在球场上的表现。而这对于凯泽来说是一场彻头彻尾的噩梦。当他上场后,所有的目光落在他身上时,他突然开始把球踢向看台。球迷们疯狂地接球。但凯泽并没有停止,他把所有的球都踢到了看台上,这样一来,球队就没有可以用来练习的球了。在剩下的训练时间里,球队只能做跑步训练和健身操。再没有什么东西可以揭穿球队里的骗子了。

凯泽不只是利用他的队友,他还利用所有他可以利用的人。他对记者施展魅力,送他们球队队服,并确保他们能够得到急需的对明星球员的采访机会。于是,一个从不踢球的球员竟然得到了令人惊讶的曝光度,而且几乎都是正面报道。他还贿赂球迷,让他们在球队老板来现场时高喊自己的名字。当球队与青年联盟踢宣传赛时,他会给球迷塞现金,让他们表现得过于激动,这样他就可以再次假装受伤。就这样循环往复,直到他转移到一个新的俱乐部……

凯泽的骗局持续了 20 多年,他平均每年只踢了不到两场比赛。他的谎言从不停歇。他的祖母至少"死"了 4 次,他还伪造了一张牙医出具的病假条,说他的牙齿造成了腿部受伤。凯泽开玩笑地说:"我加入的每个球队都会庆祝两次——一次是我签约时，另一次是我离开时。"

　　直到有一天，我们的江湖骗子遇到了他所谓"职业生涯"中的最大挑战。当时他与巴西班古足球俱乐部签了约，并且以他典型的做事风格让媒体大肆报道他的进球，尽管事实上他从未进过球，从来没有在任何地方进过任何球。可是头条新闻写道："班古有了国王。"凯泽不愧是凯泽，他向所有愿意倾听的人展示了这份报纸。球迷们很渴望看到他上场比赛。不幸的是，球队的老板也是如此……

　　卡斯托·德·安格拉德可不是一个典型的足球俱乐部老板，也不是那种把球队当作小玩意儿来购买的商业巨头。卡斯托是个黑帮分子，经常被人们称为"巴西最危险的人"。在一场比赛中，因为一个错误的判罚让他感到无比愤怒，他在球场上追着裁判跑，后兜里一直揣着一把枪。

　　一位队友告诉凯泽，尽管他"受伤"了，但他的名字还是会出现在明天那场大赛的名单上。这个消息，加上那天凌晨 4 点凯泽还在夜总会开派对的事实把凯泽吓得不轻。第二天，教练告诉他不用担心，他们不会让有伤的人上场。但随着比赛的进行，他们显然遇到了麻烦。在 2∶0 落后的情况下，卡斯托本人坚持要求他的新明星球员上场，展示一下媒体喋喋不休的那种神奇的进球能力。

　　这是多年来的第一次，凯泽不害怕被揭穿……因为这次他害怕的是被谋杀。他浑身颤抖地走到球场上。更糟的是，对方球迷在看台上还不停地辱骂他。然后凯泽灵机一动……

凯泽跳进人群，向他们吼了回去，他骂球迷的那些话我的出版商很可能已经从这本书中删除了。作为回应，裁判扔出一张红牌，将凯泽逐出了赛场。回到更衣室后，他的队友们大笑着说，虽然他这下可以不用上场了，但卡斯托不会就此罢休。凯泽使下的那些诡计终于要让他原形毕露、遭到报应了。当卡斯托进入更衣室时，大家都沉默了。这位俱乐部老板怒气冲冲，但他还没来得及张口说话，凯泽就发话了。凯泽说，在他还是个孩子的时候，上帝就把他的父母带走了，但上帝很仁慈地给了他一个新父亲——卡斯托。而对方球迷一直把他的新父亲骂作骗子和小偷。凯泽说自己对此不能袖手旁观，他必须捍卫新父亲的名声，所以他才对他们大发雷霆。而卡斯托也同样迅速地对这个故事做出了回应……

他把凯泽的工资翻了 1 倍，还把他的合同延长了 6 个月。

既然我现在在跟你讲这个故事，那么很明显，凯泽是个骗子这件事情最终被揭穿了。被揭穿时，他感到羞耻了吗？被起诉了吗？被排斥了吗？受到任何惩罚了吗？没有。他比以前更出名了。那个时代许多守规矩的足球明星早已被遗忘，但凯泽如何进行操纵和欺骗的故事仍经常被人提起。他作为一个骗子比作为一个球员更出名。

那么，我们有没有什么办法让这种人说出真相呢？

*　　*　　*

当大学生们对 555 种人格特质进行排名时，他们把"说谎"排在了最后一名。这很好笑，因为大学生在 1/3 的谈话中会说谎。对于成年人来说，这个数字是 1/5。网络约会就更别提了，81% 的个人资料都偏离事实。我们说的大部分谎言都无伤大雅，但赫特福德大学的理查德·怀斯曼说，你每天会撒两个弥天大谎。而你最常对谁撒谎？是妈妈。虽然你对配偶撒谎次数最少（每 10 次互动中撒一次谎），但你对配偶说的谎最大，且你每天大概会听到 200 个谎言。（我保证这里所讲的内容不是其中之一。）

　　我们在测定谎言方面很糟糕，平均成功率只有 54%。这跟扔硬币差不多。警察也没有好到哪里去，尽管他们在做调查问卷时认为自己很厉害。是的，有些人善于测谎，但你不会想成为他们。他们曾经中过风，前额皮质左叶受到过严重的损害。

　　几千年来，人类一直在试图掌握测谎技术，但惨遭失败。在 20 世纪 20 年代，人们开发了第一个测谎仪，这些人当中包括威廉·莫尔顿·马斯顿，他后来创造了 DC① 漫画中的神奇女侠。他也许应该坚持开发这个角色使用的"真言套索"，因为（至少在漫画中）它是有效的，而测谎仪则不然。美国国家科学院已经公开表示："联邦政府不应该依靠测谎仪来筛选未来或现在的雇员，以识别间谍或者其他安全风险，因为测试结果太不准确了。"只要经过 15 分钟的训练，人们就能战胜测谎仪。

　　那么我们在电视上看到的警察审讯是怎么回事？那是在 20 世纪 40 年代发展起来的里德技术，是由里德和英博在 1962 年首次以手册的形

---

① DC 指美国漫画公司 Detective Comics，该公司旗下拥有超人、蝙蝠侠、神奇女侠、闪电侠等超级英雄。——编者注

式介绍的。这是一种咄咄逼人的"严刑逼供"法，旨在迫使嫌疑人招供。你猜怎么着？里德技术是有效的。事实上，它效果太好了。它能让大多数人招供，不管你是否真的犯了罪。加拿大和英国都放弃了里德式审讯，认为它是胁迫性的、不道德的。但是，它仍然是今天美国执法部门使用的主要方法。更糟的是，这种方法并不科学。朴次茅斯大学教授、测谎方面的专家阿尔德特·弗里说，里德技术所依赖的线索并不具有预测性。接受过里德技术培训后，执法人员测谎的能力反而会变差。

那么，到底有没有方法可以在真正科学的基础上可靠地检测谎言呢？事实上，是有的。2009 年，HIG（High Value Detainee Interrogation Group，高价值在押人员审讯小组）成立，其任务是开发新的测谎实践方法。到 2016 年，HIG 已经花费了 1500 多万美元与专业的心理学家进行了 100 多个研究项目。为了简单起见，我改编了他们的研究结果。（因为我觉得你没有机会将某人铐在椅子上审讯。）另外，这个系统需要一定的时间和耐心，所以它对小谎言没什么用处，但在大问题上相当有效。

不，你不需要对任何人实施水刑。科学界压倒性地推荐了一种非常微妙且复杂的方法，而人类在过去 5000 年的测谎尝试中从未使用过这种方法——友善。我们把这个新方法称为"友善记者法"。

这个方法告诉我们永远不要做"黑脸警察"，而要做一个"友善的记者"。你必须让对方喜欢你，让对方敞开心扉，倾吐心事，然后犯一个能够揭露自己的欺骗行为的错误。

那么第一步是什么？记者在写文章前会做足功课，你也得这样。在进入一场疑似充满谎言的对话之前，你掌握的信息越多，你的内部测谎仪就会校准得越好。更重要的是，我们后面讲到的一些强大技巧需要用到这些背景信息，所以我们不能跳过这一步。

然后就是"友善"的部分了。HIG 报告发现，"黑脸警察"没用，"白脸警察"才有效。每个人都希望得到尊重，而当人们感到被尊重时，他们才会开口说更多的话。另外，永远不要指责对方撒谎。不止一项研究发现，这样做会减少合作。所以，不要指责，而是保持好奇。

律师会让他们的客户撒谎吗？不会。他们会告诉客户要诚实吗？也不会。律师会叫客户闭嘴。但是，"友善的记者"要做的是让对方尽可能地多说话。你要问很多以"什么"或者"如何"开头的开放式问题，而不是问那种用一个词就能回答的问题。你要表现得友善，别说太多，让对方滔滔不绝就行了。让对方做出"长篇大论"的独白会让他们获得掌控感，这让他们放松下来。你要让他们不停地说，这样就能得到更多的信息并做出评估。他们说的每一句话都需要另行验证，所说的每一个故事都可以被反驳。这正是律师叫客户闭嘴的原因，而你要做的恰恰相反。

如果你立即开始挑战他们所说的话，他们不但会关闭心扉，还可能开始改编自己的故事。你可不想帮助他们编织一个更好的谎言，你希望的是他们把一切都说出来，然后开始自相矛盾。与狡猾的人打交道的问题在于，他们能得到好的反馈，而你却得不到。如果我撒了谎后没被抓到，我就会知道什么是有效的。如果我撒了谎，被抓到了，我就会知道什么是不管用的。而且，在绝大多数情况下，你不会得到关于某人是否对你诚实坦白的反馈。所以，撒谎者总是在进步，而你没有，这就给了他们优势。因此，千万不要帮助他们进一步提高说谎技巧。

我们之前学到的识人知识在这里也同样适用。要知道，身体语言也是虚假的上帝化身。专家弗里说：“迄今为止，基于分析非语言行为和言语行为的测谎工具都不准确，可以说是错得离谱。”为了举个例子，我来谈谈一个广为流传的说法：“说谎者不会看着你的眼睛。”大错特错。HIG 在研究报告中说：“目光回避从未被证明是一个可靠的线索。”如果这还不足以消除这个谬见的话，那就看看 1978 年的一项关于被监禁的精神病患者的人际行为的研究。你猜怎么着？精神病患者比非精神病患者更经常直视别人的眼睛。

如果我们被对方所说的内容误导，那么准确评价此人几乎是不可能的。幸运的是，有一种策略能让我们了解真相。研究表明，人们在测谎能力方面的差异不大，但人们的说谎能力有很大的差异。因此，就像识人一样，“友善记者法”并不侧重于提高你的测谎能力，而是侧重于使对方的说谎能力变差。那么我们该如何做到这一点呢？

旧式的测谎模型把情绪压力作为说谎的标志来测定，这并不奏效。奏效的是使用“认知负荷”——让对方用力思考。把谎话说好需要消耗惊人的脑力。说真话的人只需要说出他们记得的东西，而说谎者既需要知道真相，还需要编织一个合理的故事，并且确保这两者不会相互矛盾。随着他们被问到更多的问题，这个模型还需要实时更新以保安全。同时，他们还得让自己看上去很诚实，这可要用到不少演技。最后，他们必须仔细观察倾听者的反应，以确保自己没有露馅儿。整件事情做起来很难，而我们想让这件事变得更难。HIG 的报告发现，提高认知负荷可以将我们可怜的 54% 的准确率提高到 71%。

当然，我们不太可能让他们直接坦白真相，我们所要做的是让说真话者和说谎者的反应形成鲜明对比。就像你的电脑处理一个复杂问题一样，说谎者的反应会变慢，还会变得摇摆不定，而这正是我们在使用其他技巧时所期待的反应。与其暗问自己"这个人在撒谎吗"，不如问"他是不是在想破脑袋"。我们的伙伴弗里进行的一项研究表明，仅仅让警察专注于第二个问题，就能明显提高他们的测谎技能。

好了，你已经掌握了基本原理——你做足了功课，扮演了"友善记者"，对方在喋喋不休，而你在观察他什么时候开始用力思考。根据 HIG 报告，这正是使用以下两个强有力的技巧来（友善地）揭穿一个骗子的时机。

1. 提出意料之外的问题

在酒吧里问一个看起来像是未成年的人年龄是多少，你会听到干脆、自信的回答："我 21 岁。"但是如果你问他，"你的出生日期是哪天"，对于说真话的人来说，这个问题非常容易，但对于说谎者来说，很可能要停下来做一道数学题。这样你就让他露馅儿了。HIG 的报告引用了一项研究，表明机场安检方法通常能发现不到 5% 的人有欺骗行为。但当安检人员提出意料之外的问题时，这个数字上升到了 66%。

从意料之内的问题开始问，这样不会打草惊蛇，还能让你获得信息。更重要的是，它能让你获得一条基线。然后，抛出一个对说真话者容易，但对说谎者来说毫无防备的问题，并评估对方的反应。对方是平静而迅速地回答，还是突然开始支支吾吾？是的，他（她）可能会脱口而出任何内容，但在事先做了功课的人面前，这就是一个潜在的自相矛盾的雷区。或者他（她）可能会缄口不言，这就显得非常可疑了。

另一个角度是要求对方提供可以核实的细节。"那么，如果我给你的老板打电话，她可以确认你昨天参加了那个会议，对吧？"说真话的人将轻易且迅速地回答这个问题，撒谎者则会不情不愿，而且这个问题很可能会增加认知负荷。"艾米丽在会议上穿的是什么衣服？"同样，这个问题对诚实的人来说很容易，对说谎者来说则是个噩梦，因为这一点很容易核实，他们对此心知肚明。

好了，是时候拿出杀手锏了。

2. 策略性地使用证据

你事先做足了功课，对吧？很好。建立融洽的关系，让对方侃侃而谈，引导他说一些与你挖出的信息相矛盾的话，然后要求他澄清，并卖力维护这个论据。然后你说："对不起，我有点糊涂了。你说你昨天和加里在一起，但加里整个星期都在法国。"此时，心中暗问那个魔法问题：他看起来是在用力思考吗？此外，要注意对方匆忙拼凑出的答案是否与他说的其他内容相矛盾，他是否还在继续搬起石头砸自己的脚。

　　你要逐步地揭示证据。虽然屡次出现的自相矛盾可能会让对方出于尴尬而干脆坦白，但更有可能的是，这使对方的谎言越来越明显。2006 年针对瑞典警察的一项研究表明，他们通常能在 56.1% 的情况中发现谎言，而对于那些接受过"如何策略性地使用证据"培训的警察，这一数字是 85.4%。

　　这些方法并不完美，但如果你多加练习就会获得相当好的效果。听着，你要相信我，我保证这是真的。我发誓在写这本书的过程中，我根本没有用力思考。

　　这些技巧能够让你"以貌取人"吗？还不太行，因为这不是一个简单的过程。只有当你有时间，而且对方愿意耐心地接受你的询问时，这些方法才会起作用。最后，我想说的是，只有在编辑原谅了没赶上最后交稿时间的我之后，我才会把这一部分内容呈现给编辑。

　　那么，"以貌取人"的说法到底怎么样？差不多是时候让我们做出最后的判断了……

第 5 章
天文学中的谜团

2007 年，澳大利亚帕克斯射电望远镜站点的一位天文学家在查阅档案时注意到了一些不可思议的数据，人们认为这些数据可能证明了外星生命的存在。

这组数据在 2001 年最初出现时被忽略了，这并不奇怪，因为这段无线电波的爆发只持续了 5 毫秒。（你甚至不能在 5 毫秒内读完"毫秒"这个词。）它的来源不明，但它穿越了 30 亿光年才到达这里。美国国家航空航天局后来证实，在这短短的 5 毫秒内，它产生的能量相当于 5 亿个太阳。（我很想用一个比喻来表达这个数字有多么巨大，但我那不够用的大脑无法理解 5 亿个太阳是什么概念，所以我们在这儿就用"双倍超强"这个词。）

它被称为"FRB"（fast radio burst，快速射电爆发）。正如非常了解该领域的人喜欢说的那样，它的能量是双倍超强的。这似乎并不能证明克林贡人① 的存在。美国国家航空航天局最近在讨论如何在 3 天内到达火星，他们说需要一个光帆光子推进系统。嗯，听起来这个系统产生的能量爆发正是 FRB 这种。后来，两位科学家对 FRB 进行了计算，他们说："……为光帆供电的最佳频率被证明与检测到的 FRB 频率相似。"这两位科学家并不是 YouTube 上戴着锡箔帽的疯子科学家，他

---

① 克林贡（Klingon）是电影《星际迷航》中的虚构宇宙里的一个好战的外星种族。——编者注

们是哈佛大学天体物理系的阿维·勒布和马纳斯维·林加姆。

所以"外星生命"并不像听起来那样疯狂，只是人们最初只发现了一个"洛里默爆发"①，所以以为这是个错误，是射电望远镜卡壳了。但很快他们发现了更多的"洛里默爆发"，而且越来越多。

2010年，天体物理学家萨拉·伯克·斯波劳尔发现，早在1998年就发生过16次类似的爆发。（如果这是外星人发来的交流请求，那么我们绝对是那个不愿意回复短信的朋友。）更有趣的是，这16次爆发是不同的，它们在许多方面和FRB很相似，但实际上它们是后来被称为"佩利顿"的东西。佩利顿是本地的，它并不来自数十亿光年之外，而是由地球上的某些东西产生的。

人们推测，佩利顿的存在意味着外星人曾经来到地球。如果说FRB是外星人向我们星球发出的信息，那么佩利顿则可能是外星人在给老家打电话。但是，广为流传的理论是，佩利顿证明了这一切都是胡扯。佩利顿可能是由闪电造成的，甚至更有可能是某种人为的干扰。一些科学家争论说，FRB可能也只是某种佩利顿而已。这场辩论持续了多年。

但随后在2014年5月14日，人们在帕克望远镜上探测到了一个实时的FRB。他们确认，它产生于至少55亿光年之外。虽然佩利顿可能只是来自本地的干扰，但这证实了FRB确实存在。整个天文学领域的专业人士都被这一消息所震撼。

---

① 第一个FRB是在2007年由美国天文学家邓肯·洛里默的团队发现的，当时被称为"洛里默爆发"。——编者注

解决 FRB 问题几乎是不可能的，因为它产生于如此遥远的地方。但是佩利顿是本地的，它是有可能被解决的。而谜底可能是人类有史以来最重要的发现之一。那么，我们如何处理那些可能会改变历史进程、具有高度挑战性且需要深厚学识才能解决的问题呢？

是的，没错，我们把这些问题扔给实习生。

轮到我们勇敢的英雄上场了：埃米莉·彼得罗夫。她当时 25 岁，甚至还没有攻读完天体物理学博士学位。她被派去负责解决天文学中最大的谜团之一。没有人给她提供真正的帮助或者大额财政拨款。祝你好运，孩子……埃米莉对 FRB 和佩利顿非常着迷，并准备比其他人都研究得更为深入。

她很快就意识到，要找到这种神秘能量的来源是多么地困难。天体物理学家既不是傻瓜，也不希望被干扰，所以望远镜站点设于无线电静默区的中间位置。在这里，手机是被禁止的。他们甚至利用法拉第笼来保护设备免受电磁波的影响。那么佩利顿到底是什么原因造成的呢？

让我们先来看一个更让人奇怪的问题。帕克望远镜探测到的佩利顿有两个频率，分别是 2.5 千兆赫和 1.4 千兆赫。2.5 千兆赫很常见，但 1.4 千兆赫不一样。据他们所知，没有任何东西在 1.4 千兆赫的频率下传输。所以还真有可能是外星人干的。这些佩利顿意味着外星人可能就在我们中间，而且从 1998 年开始就在了。

但埃米莉不相信外星人的故事，她花了几个月的时间来评估望远镜的数据，但结果发现这是条死胡同。埃米莉拒绝放弃，她在望远镜上安装了一个干扰监测器，可以探测到干扰的频率。同样，她什么也没有发现。

在 2015 年 1 月，她终于有了一个突破。望远镜在一周内探测到 3 个新佩利顿。它们不是随机出现的。这会不会是身处地球的外星生物所进行的通信尝试？每个佩利顿都有两个信号，一个在 2.5 千兆赫，另一个在神秘的 1.4 千兆赫。埃米莉将她的新干扰监测器的数据与附近 ATCA① 观测站的结果进行比较。观测站没有发现 2.5 千兆赫的信号，但监测器发现了。这就证明了佩利顿不是来自外太空。产生这种未知频率的东西就在望远镜附近。它就在这里，在地球上。

而且，3 个佩利顿出现的时间并不是随机的，它们都出现在工作日。终于要水落石出了。它们有一个共同点，那是一个极其深奥的东西，每一个活着的人和每一个曾经活过的人都认为它是至关重要的……

那就是午饭。帕克望远镜探测到的佩利顿都是在午餐时间出现的。那么，是什么东西在 2.5 千兆赫的频率下工作？埃米莉产生了一个想法。她冲下楼，找到了我们的"外星人"——望远镜站点休息室里的微波炉。大多数射电望远镜站点禁止使用微波，但这个站点没有。干扰监测器的数据证实，每次探测到佩利顿时，望远镜都会指向休息室的方向。

是的，天文学中最大的谜团不是由外星人造成的，而是由科学家给卷饼加热造成的。

---

① ATCA 全称为 Australia Telescope Compact Array，是指澳大利亚望远镜紧凑阵列。——编者注

但这并不能解答所有问题。是的，产生 2.5 千兆赫信号的是微波食品，而不是伍基人①。但是有两个频率的信号。1.4 千兆赫的信号是怎么回事呢？人们使用的任何东西都不会释放 1.4 千兆赫的信号。外星人理论还不能被排除。

但埃米莉知道，到目前为止，这些都是由于人为错误造成的。而在有人为错误的地方，很可能还藏着更多的人为错误。的确，人们已知的任何东西通常都不会释放出 1.4 千兆赫的信号。微波炉的信号通常都是在 2.5 千兆赫……于是，我们这位自始至终都足智多谋的英雄做了一个快速的实验：她在微波炉完成加热之前就打开了微波炉的门，你猜发生了什么？微波炉的磁控管在释放 2.5 千兆赫信号的同时还快速释放了 1.4 千兆赫的信号。

所以，更正一下：天文学中最大的谜团不是由外星人造成的，而是由不耐心的科学家给卷饼加热造成的。

埃米莉一直都知道那不是外星人，大多数有声望的科学家也从未严肃对待过外星人理论。但这并不重要。外星人的故事太令人难以抗拒了。媒体为之疯狂。人们渴望了解更多——不是关于科学，而是关于外星人存在的可能性。

我们的大脑喜欢简单、迷人的故事，比如外星人的故事（我们的大脑还对反复加热卷饼很不耐烦）。无论我们是在讨论佩利顿和外星人时，还是在试图解读我们地球同胞的想法时，都很容易曲解信号，并且幻想出一些简单干脆、具有吸引力，但错误的解释。

---

① 电影《星球大战》中的类人物种。——译者注

下次当你重新加热剩菜时，请想一想埃米莉·彼得罗夫（并使用奥卡姆剃刀①把剩菜切一切）。伟大的佩利顿之谜被解开了……但这并不意味一切都有了答案。真正的 FRB 谜团仍未得到解释。也许外星人就在遥远的星系中，正迫不及待地从微波炉中取出正在加热的食物……？

或者，这又是一个我编给自己听的迷人但不准确的故事。

*　　*　　*

那么，你能"以貌取人"吗？让我们回顾一下主要收获。

虽然我们在第一印象和从环境中识别人格特质方面做得还不错，但测谎就像是抛硬币猜正反面，我们在被动地解读他人的想法和感受方面非常差劲（我知道有一匹马在这方面比我们强）。更糟糕的是，我们最初做出的错误判断总是在我们的脑海中挥之不去。我们往往是我们自己最大的敌人。验证性偏倚使我们只记住自己说对的内容，而无视所有没有说对的内容，这让我们对可以改变想法并使其更正确的东西都视而不见。

虽然被动解读经常是不准确的，但我们可以通过调动积极性，主动与人交往来改善。但是过分关注提高自己的能力是个错误。无论你是想看透对方的人格还是想识别谎言，最大限度地提高准确率的方法是主动让对方发出更多的信号。你不可能让自己在测谎方面做得更好，

---

① 指奥卡姆剃刀定理，该定理的核心含义是避繁逐简，化繁为简。此处意为我们在解决复杂问题时，应简化思维，把握事情的本质，解决最根本的问题。——编者注

但你可以利用实操方法，比如提高认知负荷和策略性地使用证据，让对方的说谎能力变糟，从而更容易地识破他们（另外，不要再把用微波炉加热食物误认为是外星人发来了消息了）。

所有这些都自然而然地把我们引向一个问题：为什么我们不善于解读他人？你觉得解读他人肯定是一个有用的技能，那么我们是否应该对大自然母亲发起集体诉讼？人类的大脑是否需要回炉重造一下？为什么一个社会物种在看起来如此有价值的事情上有这么重大的缺陷？

一个原因是，我们这可怜的准确性也许根本就不是一个缺陷。看人太准可能是一场噩梦。我们都会对伴侣、朋友和其他人际关系中的人有一闪而过的负面感觉，这很正常。但如果你总是注意到别人对你的每一个负面想法，你会感到焦虑不安。在绝大多数时候，对这些暂时的问题一无所知才是可取的，这也恰恰是研究发现的。能够准确地共情并非没有坏处，它是一把双刃剑。辛普森、伊克斯和奥蒂纳的一项研究发现，如果没有发现对关系有威胁的信息，那么准确地共情就是积极的。反之，它就是负面的。事实上，如果确实存在负面信息，那么避免准确地共情可以提高关系的稳定性。

正如一个心理学家团队所说的那样，"……人们经常想要学习如何提高他们在社交判断方面的准确性……但我们不确定认清社会现实是否是一个健康的目标"。如果别人能察觉到你在心情不好时的每一个想法，你会感到舒服吗？有时，你会质疑你的人际关系。这很自然，也很健康，但对方知道这些时刻后也可能会感到受伤。另外，别忘了HSAM 带来的诅咒。太多的负面信息或太完美的记忆都不会带来良好的关系。我们都需要磨平棱角，对他人做出善意推断，忘掉一些真实但不具代表性的东西。因此，也许大自然母亲做出了一个健康的妥协：当我们有足够的动力并且积极投入时，我们可以解读他人，但不会解读得完美无缺。如果执着于完美解读，那就变成了一种偏执。

准确地看待世界并不是我们唯一的目标。是的，你想要获得可靠的信息，以便能够做出明智的决定。同时，你也想保持快乐、积极和自信，即使当事情看起来没那么好时（或者尤其当事情看起来很糟糕时）。这是一个微妙的平衡，因为真相会很伤人。当你觉得受伤时，你就知道自己现在面对的就是真相了。福尔摩斯很厉害，他总是善于洞察残酷的事实。

同样，成为一个出色的谎言识破者可能也并非好事。每次有关心你的人对你进行善意但不太真实的赞美时，你真的希望自己的脑子里响起警报吗？不，你想要享受这份赞美。大多数社交场合（更不用说工作面试和第一次约会）中的礼节要求和外交要求根本无法承受每周 7 天、每天 24 小时的真相。你知道有些人经常问一些他们绝对不希望得到诚实答案的问题，这些人让你很不舒服。大多数谎言都不是"我没有谋杀他"之类的，而是"你的发型看起来棒极了"。正如 T.S. 艾略特所说："人类无法承受太多的真实。"

假设人们通常是诚实的，是一个不错的默认状态。好消息是，这不仅让我们感觉良好，而且从长远看，这实际上也是更好的选择。一项关于信任程度的研究让人们从 1 到 10 的范围中做出选择。回答数字 8 的人收入最高，而对他人信任度低的人的生活要比过度信任他人的人差得多。他们受到的损失相当于那些没有上过大学的人所受到的损失。这些人因为不信任他人而错过了许多机会。玛丽亚·康尼科娃在她的《骗局：为什么聪明人容易上当》一书中指出，牛津大学的一项研究显示，"对他人信任度较高的人健康状况较好的可能性要高出 7%，而比起'比较快乐'或'根本不快乐'，他们'非常快乐'的可能性要高出 6%"。(也希望你能信任我，否则这本书对你没有什么用处。)

那么，对这个历史悠久的说法最终定论是什么？我很想简单明了地给出对错分明的答案，但这并没有什么帮助。答案要比这复杂得多。"以貌取人"的说法几乎是对的，但又具有非常大的误导性。

是的，我们不应该快速或浅薄地评判他人。但正如我们从研究中看到的，我们总是在这样做，至少从一见面就在这么做了，并且不会停止。当然，完全不做评判是不可能的，而且如果不多加练习，即使认识对方的时间越来越长，也不会使我们的判断更准确，而只会让我们变得更加自信。

与其专注于不以貌取人，不如把更多的精力放在校正我们必须要做出的判断上，这样才更有用。

好了，本书的第一部分完成了。我们讲完了有关评价他人的内容，现在是时候来看看我们到底是如何与他人打交道的了，也就是如何交友。我们要问的是：什么样的朋友算是好朋友？我们如何才能成为别人的好朋友？

　　有句格言说:"患难之交才是真朋友。"这句格言至少在公元前 3 世纪就已经存在了。我们将很快弄清楚它是对还是错。但首先要做的是,我不确定我们是否真的明白这句话是什么意思。

　　它说的是"一个需要帮助的朋友肯定会表现得像你的朋友一样"? 或是"一个需要帮助的朋友会像朋友那样行事"? 也许说的是"当你需要帮助时他仍然做你的朋友,所以他肯定是你的朋友"? 又或是"当你需要帮助时他仍然做你的朋友,这样才是真朋友"?

　　到底是哪一种呢? 你觉得是哪一种? 好吧,当我们回顾论据时,你会发现这句话的意思可能与你想的不同,甚至完全相反。让我们拭目以待……

第二部分
患难之交才是真朋友

　　我们经常说"患难见真情"。到底什么样的朋友算是真朋友？为什么说朋友就是另一个自我？我们如何才能成为别人的朋友？在本部分中你会找到这些问题的答案。

第 6 章
朋友的定义

巴布亚新几内亚高地地区的老朋友在相互问候时会说"Den neie"，意思是"我想吃你的肠子"。这足以说明关于友谊的看法在世界各地有所不同。但在全球范围内，友谊的许多方面都是类似的。在密克罗尼西亚群岛上，亲密的朋友被称为"pwiipwin le sopwone wa"，意思是"我那来自同一个独木舟的兄弟姐妹"。你会觉得这与"跟我穿一条裤子的兄弟"相当接近。

有一件事是肯定的：友谊是普遍存在的。耶鲁大学的人际关系区域档案追踪了全世界 400 种有最多研究和记载的文化，其中 395 种有友谊的概念（没有的那 5 个是明确不鼓励友谊的社区，他们认为友谊是对家庭单位或政治结构的威胁）。另外，并不仅仅是人类才有"死党"，灵长类动物也有。研究人员已经发现大象、海豚、鲸鱼和其他哺乳动物也有朋友。

据报告，在接受调查的社会中，有 93% 把互帮互助看作最受认可的友谊品质，且几乎每一个社会都反对在友谊中"算账"。对于陌生人，人们要求对方"即刻支付现金"，但做朋友意味着应忽略严格的恩惠计算。事实上，严格要求互惠互利是友谊中的一个重大的负面因素，急于回报对方往往被看作一种侮辱。和哥们儿在一起，我们会表现得好像成本和收益并不重要（或者至少不那么重要）。

2009 年的一项研究发现，每个美国人平均有 4 个亲密的社会关系，其中 2 个是朋友关系。耶鲁大学教授尼古拉斯·克里斯塔基斯指出，这些统计数字在过去几十年中没有什么变化，而且全球各地的数字也与之类似。虽然大多数研究表明，友谊的质量比数量更重要，但数量仍然很重要。哪些人说自己"非常快乐"的可能性高出60%？调查显示，是那些拥有 5 个及以上可以与之讨论个人问题的朋友的人。

意料之中的是，我们在年轻时拥有最多的朋友（青少年平均拥有约 9 个朋友）。随着年龄的增长，朋友的数量通常会减少。这让人难过，因为朋友比任何其他关系都更让我们快乐。对不起了，伴侣们。诺贝尔奖得主丹尼尔·卡内曼经过调查发现，人们和朋友在一起时幸福水平最高。无论你调查的是年轻人还是老年人，在世界各地，朋友几乎每次都会独占鳌头。公平地说，贝弗利·费尔的研究表明，我们同时和朋友与伴侣待在一块儿时才是最幸福的。但是，即使在婚姻中，友谊也是最重要的。盖洛普的调查发现，70% 的婚姻满意度是拜夫妻之间的友谊所赐。研究人员汤姆·拉斯说，对于圆满的婚姻关系来说，友谊比身体上的亲密重要 5 倍。

在工作场所，友谊的影响力也不小。只有不到 20% 的人把经理看作"亲密的朋友"。但那些确实这么看的人，享受工作的可能性要大2.5 倍。如果你在工作上有 3 位朋友的话，那么你对自己的生活感到快乐的可能性就会增加 96%。看清楚，不是说"对工作感到满意"，而是对"生活感到满意"。虽然我们都喜欢加薪，但 2008 年《社会经济学》

杂志①的一项研究发现，收入的提高只能增加一点点儿幸福感，但花更多的时间与朋友在一起使你展露的笑容相当于每年多给你 97 000 美元（可以尝试向老板提出 97 000 美元的加薪，看看结果会如何）。总的来说，友谊这个变量占据了幸福感的 58%。

朋友在确保你还活着方面也很关键。朱莉安娜·霍尔特 – 伦斯塔德的研究发现，孤独对健康的影响相当于每天抽 15 支烟。友谊再一次战胜了其他关系变量。2006 年的一项研究比较了有 10 个亲密朋友的乳腺癌患者和那些没有朋友的患者。在第一组中，患癌女性的生存机会提高了 4 倍。不过，更令人惊讶的是，伴侣对她们的影响为零。对男性来说也是如此。一项对 736 名男性的长期研究显示，伴侣并不能降低心脏病发作的风险，朋友却可以做到。

好了，我们都明白拥有朋友确实很不错。但我们需要回答一个更具体的问题："只有患难之交才是真朋友吗？"问题是，你我还不能开始讨论这个问题，因为这个问题之下还藏着一个更根本的问题，那就是我们还不知道到底什么是朋友。赶快下个定义吧，我等着你。对了，我可不打算听到一堆陈词滥调的答案。我们都听过无数种像是印在贺卡上的友谊定义，但那些都不是有效的友谊试金石。

你 Meta 的上"朋友"是真朋友吗？与你拥有共同的美好回忆，但从未深谈过的老朋友呢？或者总是跟你玩得很痛快，但你绝对不会放心地把孩子交给他照看的让你开心的朋友呢？那个你在任何事情上都可以依靠，但如果收到含有"恶性"一词的医学检查报告时，你绝不

---

① 　后改名为《行为和实验经济学》杂志。——编者注

会向他打电话寻求安慰的朋友呢？这些人算得上是朋友吗？为这个不起眼的普通词语下定义要比你想象的困难得多。

尼古拉斯·克里斯塔基斯说："我们可以将友谊正式定义为一种通常是自愿、长期的关系，往往存在于没有亲属关系的个人之间。这种关系涉及相互的喜爱与支持，但喜爱与支持可能是不对称的，特别是在一方需要帮助的时候。"这是一个坚实且正式的研究型定义，但我认为它对于我们的日常生活没有什么帮助。

这种模糊的定义还体现了一个更大的问题：友谊会被人们搞砸。尽管上文提到了友谊带来的大量积极效果，包括在幸福感和健康方面，友谊的贡献排名第一，但友谊几乎总是被排在伴侣、孩子、大家族甚至同事的后面。我们会为孩子支付儿童心理治疗费用，为婚姻支付婚姻问题咨询费用，但不会为友谊支付任何费用。如果我们的友谊出现了问题，我们往往只是放手让它"消逝"，就像对待一条宠物金鱼。亚利桑那州立大学教授丹尼尔·赫鲁施卡指出，"朋友"一词在英语中被说出和书写的次数比任何其他关系词语都要多，甚至击败了"母亲"和"父亲"。然而，这种重要、强大、带来幸福、拯救生命的关系在日常生活中总是吃亏。这到底是怎么回事？

与其他关系不同，友谊没有正式的相关制度。它没有法律、宗教、雇主或血缘关系的支持。而且，由于没有隐性的游说团体来推动友谊所带来的利益，因此它总是处于第二梯队。友谊是 100% 自愿的，没有明确的定义，也没有什么社会公认的期望。如果你 6 个星期不和你的伴侣说话，你就等着收离婚协议书吧，但如果你 6 个星期不和朋友说话，朋友也不会拿你怎么样。

友谊没有正式的规则，所以人们对友谊的期待是模糊的，这让友谊变得脆弱，让它在缺乏照料的情况下"枯萎"。没有明确的规则规定维护友谊需要做些什么，而对此进行"谈判"也会让我们感到不适。你知道如果自己不去上班的话，老板就会解雇你，但到底什么会终结友谊往往因人而异。因此，当你访谈年轻人和老年人时，你总会发现在 7 年内，他们的朋友中有一半的朋友不再是亲密的知己，这并不奇怪。如果没有制度性义务，维护友谊必然是花费心力的，而在这个繁忙的世界里，这超出了我们大多数人的能力。通常，30 到 40 岁是友谊走向消亡的 10 年。就是在这个时间段里，你为了举办婚礼聚集了你所有的朋友，之后就再也没有见过他们。随着年龄的增长，工作、婚姻和孩子将对我们提出越来越高的要求，而被砍掉的往往是给予友谊的预算。研究表明，尽管友谊为我们带来了这么多的乐趣和益处，我们最有可能维系终身关系的对象不是朋友，而是手足，这真是个悲剧。

不过，友谊的弱点也是其不可估量的力量的来源。为什么真正的朋友比伴侣或孩子更能让我们快乐？就是因为朋友是一种有意识的选择，从来不是一种义务。没有制度性的支持，也就意味着没有制度性的强迫。这很简单：你的朋友必须是你喜欢的人，而其他关系可以脱离感情而存在。你的父母、老板或伴侣不会因为你不喜欢他们而不再是你的父母、老板或伴侣。友谊是更加真实的关系，因为双方随时都可以离开。它的脆弱性意味着它的纯洁性。

友谊还需要与一个更庞大的机制抗衡，这个机制为准确定义"朋友"带来了最大的挑战。那就是生物学。在一个无情、野蛮的自然世界里（此时此刻，在世界上的某个地方，一只狮子正在撕咬一只羚羊），一切都被归结为达尔文主义式的需求，即延续基因。那为什么会存在友谊？家庭以及供养家庭成员应该就是一切了，不是吗？

当然，朋友可以为实现这些目标提供帮助，这本账就算得通了，但这些都是算账，是交易关系。如果是这样，我们评估朋友的唯一依据就是他们能为我们做什么，并确保我们能够从交易中获利。但我们知道，情况并非如此——缺乏严格的互惠互利是友谊并不多的几个普遍特征之一。更重要的是，这与我们对友谊的情感和认知完全不符，也没有为真正的利他主义或友善留下任何空间。如果生命就像生物学所说的那样，只关乎延续基因和获得资源，那为什么有些人要为他的朋友冒生命危险？这难道就是"患难之交"的含义吗？就是只有在需要获取资源的时候，我们才会对朋友真心相待？

我们一开始只是想为"朋友"一词下一个简单的定义，结果不知怎么的，把它搞成了凌晨 3 点的寝室哲学讨论会，试图弄明白这个世界上利他主义的本质。但这一切对于定义朋友是什么——以及不是什么——至关重要。事实上，这个利他主义问题是达尔文心中的遗憾。他说这是最大的谜团，如果不能解开的话，他担心他的自然选择学说将会被证明是错误的。

这就是为什么我们需要看一看乔治·普赖斯的悲惨故事。请准备好纸巾，后面的这个故事令人不太好受……

第 7 章
利他主义者之死

乔治·普赖斯最想做的就是扬名立万。他急切地想要做出一件改变世界的事情，并因此一举成名。有些人怀疑他的精神状态是否正常，还有不少人怀疑他是否是一个好丈夫和好父亲，但没有人会怀疑他的才华。

乔治的数学能力和创造能力几乎是无与伦比的。在这种想要出人头地的愿望的不断驱使下，他的工作态度令人印象深刻。乔治以优等生荣誉毕业，在不睡觉的状态下，突击 59 个小时完成了论文，取得了博士学位。他与 5 位诺贝尔奖获得者通过信，希望找到能让他名垂青史的突破点。

一旦觉得自己在某一领域不能创造历史，乔治就会向下一个领域进军。就这样，他在 10 年内搬了 6 次家，成了科学进步界的"阿甘"。他曾为曼哈顿计划效力，帮助制造原子弹。然后，他去了贝尔实验室，协助开发晶体管。接下来是癌症研究，后来他又转移阵地，几乎是单枪匹马地创造了计算机辅助设计的概念。

说他走火入魔并不夸张。乔治的精神状况不太好。他那不可思议的野心是病态的。他从几乎不怎么见妻子和孩子发展到干脆抛弃了他们。他的心魔不允许任何东西阻挡在他和他的伟大事业之间。

可是这并没有奏效。乔治在不同领域取得了引人注目的成就，但这些并没有达到他那高得离谱的标准。乔治陷入了危机。他失业了，而且孑然一身。45 岁的他已经有 10 多年没有见过自己的女儿了，但他的固执没有改变。他再次搬家，这次是搬到伦敦。他的下一个科研领域让人觉得无比讽刺……

乔治开始对家庭感兴趣，他想知道是什么让家庭成员团结在一起（你可以对这一问题随意做出弗洛伊德式的猜测）。而这使他想到了更宏大的利他主义问题——为什么人们会帮助他人？正如我们所讨论过的，这个问题是达尔文心中的遗憾。但就家庭而言，乔治可以把它说明白。你为什么会冒着生命危险去帮助你的孩子？因为他们携带着你的基因。乔治利用了他强大的数学能力来解决这个问题，他发现了达尔文的自然选择学说发挥作用的确切的数学公式，而此前他还从未研究过遗传学。而解决这个问题所用到的数学知识在他看来是如此简单，以至于他确信一定已经有人想到了这一点。

伦敦大学学院拥有世界排名第一的遗传学系。乔治顺道拜访了那里，并向那里的教师展示了他的工作成果。90 分钟后，他得到了一间办公室的钥匙和一个名誉教授称号。他的工作成果是开创性的。你可以在维基百科上搜索"普赖斯方程"。直到今天，它仍然是遗传学和进化理论方面的一项重大成就。而且，无巧不成书，他得到的那间办公室正是达尔文曾经住过的地方。

他终于做到了，扬名立万了。乔治实现了他的梦想，他为之牺牲了一切。但是，这好不容易实现的愿望成了一个诅咒。乔治思索着他工作的结果，他的数学计算公式表明，如果某件事情不能帮助你生存和繁衍，那么进化就不会选择它。但是，如果你做某事是因为它能够帮助你生存和繁衍，那就不是利他主义。乔治心想："我是不是刚刚证明了友善这件事并不存在？如果我的计算是正确的，那么这个世界是一个可怕的地方。"乔治无法接受这样的世界，但他是一个应该客观地看待问题的科学家。那么为什么他不能接受这个世界可能是一个自私自利的世界？正如传记作者奥伦·哈曼在广播电台节目 Radiolab 中所说："这是因为他一生中大部分时间都是如此自私。"

现在，乔治想让他牺牲一切去追逐并扬名立万的东西消失。他希望他的工作成果是假的，他为自己曾经如此自私地抛弃女儿而感到内疚。但是，他的工作成果表明，整个世界都是自私的，这对他来说难以承受。

乔治无法改变数学，但也许他可以让自己变成他所希望看到的样子。他没准可以通过自己的选择让数学出错。于是，这个曾经固执地满世界跑、只想追求成功和名望的人，这个因为妻子和女儿会拖累他就抛弃了她们的人，现在开始在伦敦苏豪广场上对那些无家可归的人说："我叫乔治，请问我可以怎样帮助你呢？"

他给这些人买食物，有多少钱就给这些人多少钱。他让他们住在他的公寓里。前半生只考虑自己的乔治现在只关心他人了。他正在学习如何爱人，但他做得过头了。乔治的朋友们为他感到担心，因为他的身体状况不太好。但是，乔治想要赎罪的愿望，以及想要与他所发现的达尔文主义的自私方程作斗争的愿望，与他曾经对名声的渴求一样，是极度狂热的。乔治知道人们在利用他，但他相信，如果他把所有东西都送出去的话，他也许就能以某种方式推翻他的定理。

然而，仅凭一个人的力量是无法拯救世界的。这些人并不会因为他而戒酒，然后好好生活。乔治就像一部穿越时空的电影中的人物，他为了改变未来而奋斗，但最终意识到自己无法改变命运。当乔治散尽钱财之后，他也变得无家可归。但即使和其他人一起偷住在一个废弃的房子里时，乔治仍然在努力地帮助他们。他写信给他的女儿们，告诉她们他感到很抱歉。乔治希望自己能够重新开始。

亲爱的读者，我无法轻松地说出下面的这些内容，所以我就直说了：1975 年 1 月 6 日，乔治·普赖斯自杀了。可能有人会说他把自己当作殉道者来赎罪。但答案很简单，他的精神状况出了问题。乔治在许多方面都做得过头了。可悲的是，结束自己的生命也是其中之一。我们中的许多人会说，我不想生活在一个没有爱、没有仁慈和没有利他主义的世界里。在这样的世界里，无私也只是自私的另一种形式罢了。乔治·普赖斯就是这些人中的一个。但这个故事还没有结束……

乔治心里明白，人是可以善良的。你和我也知道。最终，科学追赶上了你、我和乔治。科学家们没有推翻他的数学公式，普赖斯方程在遗传学中仍然坚如磐石。但研究表明，我们天生就有无私的利他主义倾向。人们用功能性磁共振成像进行观察后发现，当人们考虑向慈善机构捐款时所亮起的大脑回路，与食物所触发的大脑回路相同。无私地给予帮助就跟生存和繁衍一样根深蒂固。当研究人员克纳夫和埃布斯坦在研究我们愿意对外给予多少时，他们发现这与大脑催产素受体的基因编码有很大关系。要不要翻译一下？这是在说，利他主义以达尔文式的方式存在于我们的基因之中。是的，这并不矛盾，达尔文主义和利他主义可以和谐地共存。

进化只关心后果，不关心意图。进化并不关心你出于什么原因做了某件事，它只关心某件事的最终结果。假设你是一家公司的首席执行官，你向所有的员工慷慨地发放了1000美元的奖金，这让他们都感恩戴德，于是更加努力地工作。公司的利润增加了3倍，你成了一名成功人士，并生下了许多茁壮成长的孩子。这个结果是否意味着你的行为是自私的？当然不是。你的意图是友善的，且人们的大脑不需要时刻想着如何"传播基因"。我们之前探讨过我们的大脑是如何编织故事来理解这个世界的。那些故事，以及我们的意图和选择，都是属于我们自己的。

1975年1月22日，一个由五花八门的人组成的群体聚集在伦敦圣潘克拉斯公墓的小教堂里。拥有遗传学博士学位的大学教授与一群流浪汉站在了一起。他们在那里向一个影响了他们生活的人致敬，其中一个仍在生活中挣扎的流浪汉还系着乔治送给他的皮带。

乔治·普赖斯因为身体原因自杀了，但他的行为表明，一个人可以是无私的。他可以选择做一些事情来帮助别人，尽管有时候徒劳无功。乔治的初衷是好的，他是死在力求帮助他人的路上，并以自己的方式证明了利他主义的存在。

关于利他主义，我们的大脑编织出的故事是什么？是什么样的故事让我们挣脱了根深蒂固的达尔文主义的束缚？如果我们能够回答这个问题，我们就可以为"朋友"下定义，解决达尔文的最大难题，乔治也将能够安息……

* * *

好了，我该在这里解释我们头脑中的故事是如何推翻达尔文定律的，这就是我应该在此处写的内容。毋庸置疑，这是我的目标，但是，说实话，我曾经一筹莫展。由于迫切想要寻找答案，我开始阅读大量的古代哲学著作。但是，情况变得更糟了。我查阅了柏拉图的《吕西斯篇》，即使是伟大的苏格拉底也明确表示他无法定义朋友。天啊。

最后，我终于抓住了一个突破口。亚里士多德——苏格拉底的徒孙对友谊有很多看法。他在《尼各马可伦理学》中用了 20% 的篇幅来讨论这个问题。在亚里士多德看来，基于利益的交易关系并不是真正的友谊。作为亲密朋友的铁杆粉丝，他甚至对什么是朋友有一个感人的定义。对于亚里士多德来说，对待朋友就像对待自己一样，"朋友就是另一个自我"。

这个定义很不错，对吧？我们善待朋友是因为他们是我们的一部分。有趣的是，这种看法也能解决我们的难题。你的大脑就像一个聪明的律师，它歪曲了"达尔文合约"中的条款。自私实际上也可以是利他的——只要我相信你就是我。

而这"另一个自我"的理念是如此朗朗上口，以至于它对接下来的 2000 年的西方文化影响深远。在回顾经典文学作品时，我是如此频繁地看到它，以至于我自创了一个"朋友就是另一个自我"的喝酒游戏。

公元前 50 年左右的西塞罗是怎么说的？"……因为真正的朋友，就好像是第二个自己。"干一杯。

19 世纪的伊迪丝·沃顿是怎么说的？"在我们每个人的生活中都有一个朋友，不管你是多么亲近他、爱戴他，他似乎都不是一个单独的个体，而是你的自我的延伸与诠释。"干一杯。

另外，正如作者马克·弗农所说，《圣经·新约》中说"爱人如己"（love thy neighbor as thyself），这句话中的"人"指的是邻居，但在《圣经·旧约·利未记》中，这句话中的"人"指的是朋友。是的，"另一个自我"的概念甚至出现在了《圣经》中（这次别只干一杯了，把整瓶酒都干了吧）。

不过，我答应要给你写一本有科学依据的书。亚里士多德所说的概念很精彩，但他也写过把所有祭品都献给宙斯的愚蠢行为，所以也许我们应该对他持谨慎态度（我想对亚里士多德进行一次访谈，但他无法参加并发表评论了）。"朋友是另一个自我"的概念对 Instagram[①] 来说很完美，但不幸的是，它不是科学。所以，我回过头读了一个又一个枯燥的学术研究结果……

但后来我读到了这些内容："支持我们的基本预测的证据与以下概念是一致的：在亲密的人际关系中，他人被'包括在自我之中'，因为

---

① 一款分享生活照片和短视频的社交类移动应用。——译者注

对自我和亲密他人的认知表征是重叠的。"

我的天，亚里士多德是对的。而且他不仅仅是"有点儿"对，或者"几乎"对。也不是一项研究，而是超过 65 项研究支持亚里士多德的观点。在心理学中，这被称为"自我延伸理论"——我们将自我的概念扩展到与我们亲近的人身上。一系列实验表明，你越亲近一个朋友，你和他之间的界限就越模糊。我们混淆了他们是谁和我们是谁。实际上，当你和一个朋友很亲近时，你的大脑不得不使劲地把你们两个人区分开来。

神经科学研究对此一锤定音。研究者一边用磁共振成像观察被试，一边问他们关于朋友的问题。大脑中有关积极情绪的区域毫无疑问地亮了起来。你知道还有哪里被激活了吗？大脑中与自我处理有关的部分。当女性听到亲密朋友的名字时，她们的大脑灰质会产生与听到自己名字时所产生的相同反应。

这项研究开发了 IOS（inclusion of other in the self，将他人纳入自我）量表。这个量表是如此强大，以至于其得分可以有力地反映关系的稳定性。换句话说，随着时间的推移，较低的得分预示着这段友谊更有可能"破裂"，而较高的得分则预示着它不太可能"破裂"。此外，当 IOS 得分高的友谊确实终结时，被试更有可能说"我迷失了自我"之类的话。如果你曾经失去过一段亲密的友谊，并因此感到失去了自我中的一部分，那么从某种程度上来说，你的感觉是对的。

1980 年，哈佛大学教授丹尼尔·韦格纳说，共情可能"部分源于我们把自己与他人混淆了"。有了这句话，我们似乎终于找到了我们一直在寻求的定义。

- 什么是共情？共情是指你和他人之间的界限变得模糊。你分不清自己是在哪里结束的，而对方是从哪里开始的。
- 什么是亲近？亲近是指你的"自我"挪了挪位置，为对方留出了空间。
- 什么是朋友？朋友是另一个自我，是你的一部分。

我很想说："达尔文，看我们多厉害！"但事实是，达尔文与我们都一样。还记得他说过利他主义问题是他最大的挑战，以及他担心这可能会推翻他的理论吗？是的，达尔文自己也无法调和利他主义与他的理论了，但他的行为显示出了这样的区别。达尔文做了很多伟大的事情，并生了 10 个孩子（达尔文，这真是个证明你的理论的好方法）。但他的大脑不需要一直想着"我要传播基因"才能做到这些事情。作为一个人，他不觉得这有多重要。那么什么是重要的呢？

友谊。信不信由你。达尔文写了一本回忆录，他在书中讨论了是什么对他的事业产生了最大的影响。是他的自然选择学说？不是。"我还没有提及对我的整个事业影响最大的一件事情。那就是我与亨斯洛教授的友谊。"达尔文的自然选择学说对友谊没有太多的论述，但友谊在他的生命中起到了重要作用，这和我们生命中的友谊一样。

朋友既拓展了我们，也联结了我们。对于我们的大脑来说，我们关心的人确实会成为我们的一部分。是的，达尔文学说在生物层面上发挥着作用，但我们的感情也是真实的。我们的意图可以是纯粹和高尚的。我们可以，而且也确实会像一些英雄那样为朋友做出巨大的牺牲。

现在，我们知道友谊、亲近和共情是什么意思了。朋友是你的一部分……但我们如何交到朋友呢？关于这个话题有很多可以说的内容，其中最值得一提的是戴尔·卡内基的经典著作《人性的弱点》。这本书是否经得起科学的检验？在后文中我们会找到答案。但是，在授予卡内基"流言终结者"的称号之前，我们需要从一个特殊群体那里学习一些东西，这些人恰好是世界上最友好的人……

第 8 章
世界上最友好的人

做一位母亲挺难的，特别是当一个有文身、穿皮衣的大块头摩托车手敲门来找你的两个十几岁儿子的时候。哦，不，他不是来行凶的。正如《纽约时报》所报道的那样，这两个男孩用民用波段无线电通信交到了一个朋友，并邀请他到家里来。这是不是青少年的疯狂日常？其实并非如此。因为这对双胞胎属于一个非常特殊的人群：这个世界上最友好的人。

他们是一个鲜为人知的小群体。他们非常喜欢人，而且无条件地信任他人，没有任何社交焦虑。当你遇到这个群体的成员时，他们会立即用赞美、问题和善意围绕你，而且他们是真心诚意的。正如作家珍妮弗·拉森在她的著作《爱得太深的男孩》（*The Boy Who Loved Too Much*）中所叙述的那样，这些人会让你感到自己很特别，而当你意识到他们对每个人都是这样时，你会感到非常失落。不，这群人不是教徒，他们也不卖东西。但是……当然，此处还是有个"但是"。

威廉姆斯综合征是一种医学病征，也许是最惹人喜爱的病征。不可思议的是，虽然他们生病了，但在善良、共情和社交方面，他们有着超人的能力。

威廉姆斯综合征是一种先天性疾病，全世界 1 万人中大约只有 1 人受到它的影响。当 7 号染色体上缺少了 20 多个基因时，就会出现这种病征。这种缺失会导致发育中的胎儿出现一些变化，包括身材矮小、结缔组织问题和特殊面容。

不幸的是，威廉姆斯综合征也会导致智力障碍，患者的平均智商是 69。但从科学的角度来看，令人惊讶的是，它带来的精神上的问题是有大有小的，文献中称这种现象为"不均衡的认知特征"。患有威廉姆斯综合征的人在某些方面有困难，但在其他方面具有超能力。他们在数学和解谜方面的能力极低，但如果你问他们一个问题，就会看到他们变成了神奇的故事叙述者，使用着感情丰沛的词汇。他们在抽象任务和空间型任务上的表现令人沮丧，但他们在语言、情感甚至音乐方面表现出色。

当科学家们寻找造成这种缺陷不一致的原因时，他们有了出乎意料的发现。他们意识到自己不仅仅是在研究一种医学疾病，而是在着手破译人类友善的密码。磁共振成像显示威廉姆斯综合征患者"在面对令人恐惧的社交场景刺激时，杏仁核的反应会减弱"。换句话说，威廉姆斯综合征患者把任何人的脸都看作是友善的。我们会对陌生人保持戒心，甚至感到恐惧，但对威廉姆斯综合征患者来说，这个世界上没有陌生人，只有他们还未相识的朋友。

那么是什么导致他们的大脑发展得如此不同呢？鉴于这是一种遗传性疾病，研究人员仔细观察了这些"超级友好"基因的 DNA。他们发现了起作用的 DNA——GTF2I 和 GTF2IRD1，也就是你听说过很多次的那种令人产生联结感的激素。在威廉姆斯综合征中，这些基因会驱使催产素过度分泌。如果你曾经感受过那种深情的母爱或父爱，那么你就能体会威廉姆斯综合征患者在每一次社交活动中的感受。

不过，科学家还获得了更深的见解。想一想我们所讨论的这些特征：总是乐于见到他人，渴望取悦他人，永远保持宽恕之心，对他人散发着完全真诚的爱意。这些都是我们珍爱的品质……这是不是让你想起了小狗？如果你想到了这一点，那么你值得获得一个遗传学的荣誉博士学位，因为那些把我们和威廉姆斯综合征患者区分开来的基因，也把野狼和人类最好的朋友区分开来。这或许可以解释为什么你和我会害怕或敌视自己所属"群体"以外的陌生人，而一对患有威廉姆斯综合征的双胞胎却会用无线电与"地狱天使"交谈，还邀请他们到家里做客。

加州大学圣地亚哥分校医学院儿科教授艾利森·莫特里对威廉姆斯综合征进行了研究。他说："我很好奇遗传缺陷，也就是我们某条染色体上的微小缺失，是如何让我们变得更友好、更富有同情心，也更能够接受人与人之间的差异的。"不夸张地说，威廉姆斯综合征患者拥有大多数宗教督促我们去追求的品质：对所有人怀有无私和慷慨的爱。作家珍妮弗·拉森写道："威廉姆斯综合征患者不需要学习这条重要法则，人们也不需要教导他们什么是平等或包容。他们生来就在践行着这些原则。"

2010 年的一项研究完美地体现了这一点。这项研究考察了患有威廉姆斯综合征的孩子是否有种族观念。结果呢？他们没有表现出任何种族主义倾向。完全没有。这很令人惊讶，因为几乎所有的孩子在 3 岁时都会表现出对自己所属种族的隐性偏好。事实上，患有威廉姆斯综合征的儿童是世界上唯一显示出没有任何种族偏见的儿童。

所有这些亲社会行为、利他主义特征让哈佛医学院的发展心理学家卡伦·莱文半开玩笑地指出，我们才是生了病的人。她把这种病称为 TROUS（The Rest of Us Syndrome）——"我们所有其他人的综合征"，其症状包括隐藏情绪、不把陌生人当朋友，以及极度缺乏拥抱。

要说有什么坏处，那就是患有威廉姆斯综合征的人过分信任他人，经常被人利用。这有点像他们没有社交免疫系统来进行自我保护。这给患病儿童的父母带来了一个问题。虽然有这样一个友善的孩子是一件美好的事情，但当他们高高兴兴地跳上陌生人的汽车时就不是这样了。这些孩子必须被教导不要轻信他人，但他们很少听得进去，因为这不是他们的天性。尽管这种危险有时会使养育威廉姆斯综合征儿童成为一种高难度的挑战，但珍妮弗·拉森指出了好的一面：哪个母亲不希望无论自己做什么，自己的小男孩每天至少十几次发自内心地告诉她，他很爱她呢？

也许威廉姆斯综合征患者的出现是大自然为反社会分子道歉的一种方式。这是斯坦福大学医学院教授罗伯特·萨波尔斯基的看法。"威廉姆斯综合征患者兴致勃勃，但没有什么能力。而一个很有能力却缺乏热心、愿望或同情心的人会是什么样的呢？他会是个反社会分子。反社会的人有很好的心智能力，但他们很冷漠。"

然而，这种没有匹配能力的兴致导致威廉姆斯综合征患者身上有一种令人心碎的讽刺感：他们渴望真正的联结，但往往无法获得。他们所拥有的社交能力跟他们的社交愿望并不匹配，他们无法处理基本的社交线索。他们会重复问一些问题，而且经常会在获得答案之前就迫不及待地问下一个问题。他们对建立关系无所畏惧，但缺乏加强关系和维系关系的能力。大约80%患有威廉姆斯综合征的儿童认为自己的朋友很少，或者自己与朋友相处困难。他们很可爱，每个人都对他们很友好……但没有人邀请他们参加生日聚会。

而从快乐的角度来看，带给他们超能力的"不均衡的认知特征"可能比其他严重的缺陷更糟糕。知道自己有问题，却永远缺乏解决这种问题的能力，这是一个残酷的悲剧。他们目睹着别人获得朋友、伴侣，最终生下孩子，而自己却只能沮丧悲伤、忍受孤独。科学作家戴维·多布斯对威廉姆斯综合征患者的评价恰如其分："对他们来说，这个世界上没有陌生人，但也没有多少朋友。"

那么，当你患有威廉姆斯综合征的双胞胎儿子邀请摩托车车手来到家里，而后者正站在家门口时，会发生什么？多布斯向《纽约时报》讲述了这个真实的故事。你不情愿地请"地狱天使"先生进来坐一会儿。他是如此喜欢这两个他所见过的最热情、最友好的孩子，以至于他问你是否同意他把这两个孩子带到他的摩托车俱乐部，去向俱乐部成员演讲。而这正是你的孩子梦寐以求的事情，于是你答应了。但到了演讲那一天你很害怕，因为这个俱乐部看上去就像假释办公室外的等候区。但是你的孩子兴奋得不得了。"看，这儿有那么多人，妈妈！"双胞胎儿子面向一屋子人做了小演讲。他们谈到自己有多喜欢跟人对话，自己被霸凌的情况有多严重，这个世界有时令他们多么地困惑，以及他们如何努力地挣扎，只为交到一个真正的朋友。你害怕摩托车车手们听到这些会感到无聊或者发怒吗？但那天根本没有发生这种情况……

这位母亲转头看向观众，她看到的是一屋子文着身、大块头的男人正在抹去脸上的眼泪。

不管今天发生了什么，明天，那些患有威廉姆斯综合征的人将继续深爱着我们所有人，无所畏惧地表达着人性中最美好的部分。

在生活中，我们中的许多人都曾与威廉姆斯综合征的某些方面产生过共鸣。比如，尽管我们很友善，但仍然需要费很大的力气建立和维系深厚的友谊。而当我们没有成功做到时，我们想知道自己做错了什么，或者自己是不是有什么问题。

不过我们很快就会看到，正是在威廉姆斯综合征患者的努力中，蕴含着我们该如何建立亚里士多德笔下的那种真正友谊的秘诀。

＊　　＊　　＊

谈到交朋友，最接近威廉姆斯综合征的神奇力量的似乎是戴尔·卡内基的作品。自 1936 年首次出版以来，《人性的弱点》全球累计销售上亿册。近一个世纪以来，它每年售出 25 万册以上。卡内基在小故事中穿插了如何更好地与人相处的方法，显然与你正在阅读的这本书的内容并不相同。

那么，卡内基推荐人们如何做呢？他鼓励人们倾听，对对方感兴趣，从对方的角度说话，真诚地恭维对方，寻求相似之处，避免冲突，还谈及了许多看起来很明显，但我们经常忘记做的事情。不过，卡内基的这本著作写于大多数相关领域的正式研究开始之前，书中主要呈现的是轶闻趣事。那么，他的建议是否符合现代社会科学的研究结果呢？

不可思议的是，答案是肯定的。正如亚利桑那州立大学教授和友谊研究者丹尼尔·赫鲁施卡所指出的，多年来，卡内基所写的大部分基本技巧已经被许多实验所验证。他的方法之一——寻求相似之处——已被证明能够促进产生"另一个自我"的感觉。你有没有过这样的经历：看到别人的身体受到伤害，你会产生共情，这会让你往后退缩？神经科学家戴维·伊格曼的磁共振成像研究表明，即使被任意分组，当我们认为受害者与自己相似时，这种共情性疼痛也会增强。社会科学家乔纳森·海特评论说："相比而言，我们对那些被视为'非我族类'的人就不会产生那么多共情。"

虽说如此，我们的老朋友卡内基确实搞错了一个问题。他书中的第 8 条原则说："试着真诚地从对方的角度看问题。"还记得在本书的第一部分中，我们已经意识到自己在读懂他人的想法方面是多么糟糕吗？尼古拉斯·埃普利对卡内基的建议进行了测试，并毫不讳言地说道："从来没有任何证据表明，换位思考——把自己放在另一个人的位置上，想象他或她所看到的世界——会提高判断的准确性。"这样做不仅没有效果，实际上还使你在与对方建立关系时做得更糟糕。对不起了，卡内基。

不过，他只讲错了这一条，而且说句公道话，上百万人——包括各种名人——在使用了他所说的技巧后，取得了巨大的成功。

　　卡内基的书对于建立关系的早期阶段是有益的，对于与商业伙伴建立交易关系也不错……但它对于骗子来说，也是一本精彩的"剧本"。它并不专注于与"另一个自我"发展长期的亲密关系，而是专注于策略性地从对方身上获取利益。卡内基经常使用"人类工程学"和"让对方乐意做你想让他做的事情"之类的语句。说句公道话，卡内基一直反复强调，建立和发展关系时你的出发点应该是好的，但这没有奏效。社会学家罗伯特·贝拉写道："对于卡内基来说，友谊是企业家的一种职业工具，是竞争性社会中的一种意志工具。"如果你想找的是有福同享、有难同当的兄弟姐妹，那么卡内基的书是不可能帮你做到的。这如同用一本教人如何交女友的书来指导如何驾驭几十年跌宕起伏的婚姻。

　　那么，怎样才能形成深刻的"另一个自我"式的友谊呢？这个问题会将我们引向一个被称为"信号理论"的学术研究领域。假如我告诉你，我是个硬汉，你会相信我吗？再假设你看了一场电视转播的UFC[①]，比赛结束后，重量级冠军腰带缠在了我的腰上。哪种情况更能让你相信我是一个不好惹的人？

　　"昂贵"的信号能够传达更有力的信息。口头上说我是个硬汉很容易，但在成千上万的观众面前伪造一场 UFC，则难得多。我们时时刻刻都在根据信号理论来行事，只是我们很少意识到这一点。卡内基教给我们的是"廉价"的友谊信号。这就是为什么作为一个读者，我们

────────────

① 终极格斗冠军赛，1993 年在美国首次举办。——编者注

感到很受用，因为传递这些"信号"很容易，这是骗子也喜欢这些信号的原因：它们很容易被伪造。口头上说"我会在你身边"是一回事，花一整天帮你搬家则是一个代价更大、更有力的信号。哪一种行为更能让你相信我是你真正的朋友？当然是后者。

那么，为了交到真正的朋友，我们要显示（和寻找）哪些"昂贵"的信号呢？有两个信号取得了专家们的一致同意。第一个是时间。为什么时间信号如此强大？因为它是稀缺的，而稀缺等于昂贵。想让某人感到自己是特别的？那就为他们做一些你无法为别人做到的事情。比如，我每天陪你一个小时，而我不可能为24个以上的人做到这件事。

正如我们之前所说的，友谊在带来快乐方面胜过其他关系，但具体是什么东西发挥了这种魔力？北亚利桑那大学的梅利克萨·德米尔说，是陪伴——仅仅是花时间在一起。不出所料，研究表明，引起朋友之间的冲突的最常见的原因就是时间。不可否认，时间就是关键。

那么，作为一个成年人，我们如何为朋友腾出更多的时间呢？关键是习惯性的老规矩。想一想那些你与之保持联系的人，你可能会发现不管是有意还是无意，你们之间有一个老规矩："我们每周日聊天"，或者"我们一起锻炼"。复制这一做法，找一些你们可以持续一起做的事情，它很奏效。圣母大学的研究分析了800多万个电话通话内容，结果表明，每两周以某种形式接触一次是个不错的目标。达到这个最低接触频率，友谊就更有可能维持下去。

但是，结交新朋友可能需要花更多的时间，这个过程比飞机上的网速还要慢。这也是随着年龄的增长，我们在这方面会变得如此糟糕的原因之一。具体要花多久才能结交新朋友呢？你坐好了，要认真听了吗？杰夫·霍尔的研究发现，发展出"淡如水"的友谊需要 60 个小时，发展出"甜如蜜"的友谊有时需要 100 个小时，而形成令人羡慕的"死党"友谊需要花上 200 多个小时。有些情况下花的时间更多，有些情况下可能少一些，但无论如何，真的是要花不少时间。

以上只是方程的一部分。霍尔还发现，谈话方式也很重要。我们都曾陷入这样的情况：和一个潜在的朋友寒暄时，聊天内容开始绕圈子，你似乎无法突破到下一个层次。这也是卡内基所说的问题之一：微笑和点头只能帮你到这里。想要不花几十个小时就能交到好朋友？你可以做到，但不是靠卡内基的技巧。阿瑟·阿伦（IOS 量表的开发者）让两个陌生人在短短 45 分钟内就觉得对方是自己的终身好友。这是怎么做到的？这就要看一下第二个"昂贵"信号：脆弱。

讽刺的是，当我们遇到新朋友时，我们经常试图让他们钦佩我们，这可能是一个糟糕的想法。研究人员通过 6 项研究发现，发出高地位信号不利于形成新的友谊，反而会起到反作用。这种做法对于打销售电话或者传达领导力可能有好处，但它使找到"另一个自我"更加困难。

近来有很多关于脆弱的讨论，但我们大多数人听完只是点点头，然后回去继续试图强装完美。为什么？因为自我暴露真的很吓人。你可能会被嘲笑、被拒绝，或者暴露的这些信息可能会被用来对付你。脆弱性让我们回想起高中时的糟糕经历。（在刚果的 Kunyi 部落中有一种说法：过多的自我暴露会让自己更容易受到巫术的影响。所以，敞

开心扉可能比你想象的还要危险。) 我们都清楚,自我暴露是有风险
的。哈佛大学社会学家马里奥·路易斯·斯莫尔所做的大规模研究表
明,与亲密的朋友相比,我们往往更愿意把非常私密的细节信息告诉
陌生人。

我们不希望自己的脆弱被可怕的人利用。但讽刺的是,我们的弱
点也正是信任的来源。在一篇题目为"我们能信任信任吗?"的论文
中,迭戈·甘贝塔写道:"出于信任的妥协……可以产生在逻辑上似乎
是其前提条件的行为。"换句话说,信任创造信任。被利用的潜在危
险创造了信任的内在价值,并赋予它力量。你如何表明你是值得信任
的?方法就是通过信任别人。然后,通常情况下,别人对你的信任会
创造你对他们的信任。

脆弱可以告诉我们,每个人都是一个独特俱乐部的一分子,每个
人对你来说都是特别的。阿瑟·阿伦的研究发现,自我暴露对于联结
"另一个自我"有直接帮助。这就是他让一对陌生人在 45 分钟内成为
好朋友的方法。

脆弱不仅有效,而且也不像你想象的那么危险。心理学已经发现
了"美丽困境效应",即我们一向高估了别人对我们犯下的错误的负面
评价。我们以为自己会被视为一个白痴,并会被流放到一个遥远的村
庄。但调查发现,大多数人认为偶尔把事情搞砸是积极的。你犯了一
个错误,很害怕自己会被认为能力不足。但当别人犯了同样的错误时,
你很少会下这样的评判,相反,你会对那个人更温和。

那么,在那么多的脆弱里,最好从哪里开始呢?举个例子:我是

一个 40 多岁的男人，会对着 Instagram 上的小狗照片轻言软语，偶尔还会用婴儿语跟它们说话。是的，我写一些自作聪明、自以为是的科普书籍，还会对 Instagram 上的小狗照片说婴儿语。你有没有更喜欢我一点？对我的信任是多了还是少了？

下次当你面对自己在意的人时，或者当你想与对方加深友谊时，请遵循"害怕原则"：如果你害怕，那就说出来。但你没必要什么都说。千万别在圣诞晚宴上坦白任何谋杀行径。慢慢来，打好基础。慢慢地说出更多你愿意说的关于自己的敏感事情。同样，慢慢地问更多之前会让你感到不适的敏感问题。当你的朋友向你坦白令他们感到脆弱的事情时，不要退缩和尖叫："你做出了这种事？！"而是接受它们，然后谈得更深入一些。只要你在情绪上感到安全，而且得到了积极的回应，那么就多和对方分享一些。这就是找到"另一个自我"的方式。

还在犹豫要不要敞开心扉？那么让我用一把无形的枪指着你的头说：不暴露脆弱会扼杀友谊。那项关于交朋友所需时间的研究显示，在友谊中过多的寒暄会显著降低亲密感。对了，不敞开心扉和不暴露脆弱不仅会扼杀友谊，还会扼杀你。宾夕法尼亚大学教授罗伯特·加菲尔德指出，不敞开心扉会使患小病的时间更长，会提高首次心脏病发作的可能性，并让你因心脏病发作而死亡的可能性翻倍。

现在，我们还没有百分之百地理解"患难之交才是真朋友"这句格言，但我们比之前更加理解这样的现象是如何产生的，以及它如何在实践中有效地发挥作用了。腾出时间，分享那些令你感到脆弱的想法，走得更深入一些。如果一切顺利，你的朋友也会这样做。这会使我们远离交易关系。在双方建立信任后，你可以在更大程度上忽略成本，对方也是如此。你不用担心朋友给你帮了多大的忙，或者他最近为你做了什么，你们已经超越了这些。现在你只需要问一个问题："他是我的朋友吗？"如果是，你就伸出援手。

是的，这个过程可能有些吓人。也有很多人带着操纵他人的意图阅读卡内基的书。这个世界上有坏人，比如自恋狂。但是，想要获得真正的友谊，就得和坏人一起体验人生。

我们如何安全地与坏人打交道，甚至使他们成为更好的人？通过在现代世界中最能给"邪恶"下定义的群体的故事，我们可以获得很实用的经验教训……

第 9 章
幸运的丹尼

母亲总说，人是复杂的，但丹尼不怎么相信她的话，而这自然而然地让他对 1941 年那晚发生的事情猝不及防。

纳粹在 1940 年占领了法国，并在晚上 6 点之后实行宵禁令。但这天晚上，7 岁的丹尼在朋友家玩得太晚了。他内心忐忑地快步往家走，把穿的毛衣翻了个面，因为他想把上面表明他犹太人身份的六芒星藏起来。

幸运的是，大街上没有人，看起来似乎很安全。他快要到家了。但随后他看到了一个人。一个德国士兵，而且不是普通的德国士兵，这个人穿着党卫军的黑色制服。有人告诉过丹尼这种士兵比其他的士兵更可怕。如果你是个 7 岁的孩子，你会把这一点牢记在心。

他就快到家了。也许他可以躲起来，以免被看到……但是，两人对视了。这完全是"鹿死谁手"的时刻。那是在宵禁之后，他还是犹太人，且在试图掩饰这一点。情况不妙。

党卫军军官招了招手，示意丹尼走过去。当丹尼服从命令时，他如芒在背。他只希望那个军官不会注意到这件毛衣。丹尼走近了一些。就在这时，那个纳粹军官突然动了起来，猛地抓住了他……

是一个拥抱。他把这个 7 岁的孩子从地上举了起来，给了一个如此之深、如此之坚定的拥抱。起初，丹尼没有任何反应，他几乎没有注意到这一点。他的大脑只是不断地想："不要注意到那颗星，不要注意到那颗星。"

纳粹军官把丹尼放下来，开始用德语动情地说话。他眼睛里的是泪水吗？他从钱包里拿出一张小男孩的照片给丹尼看。信息很明显：这个邪恶化身有一个和丹尼一样大的儿子，而且他非常想念他。他给了丹尼一些钱，对他笑了笑，然后他俩就各奔东西了。

这个能够做出最可怕事情的人，这个比我们今天知道的任何东西都更能代表邪恶的人，他的内心仍然有爱。看到丹尼，他想起了自己的儿子，心中涌出了爱。看来丹尼的母亲一直是对的：人的复杂是无止境的。

这个关于人性复杂性的短暂但可怕的体验影响了丹尼的余生。他获得了心理学博士学位，专注于研究看似非理性的人类行为。他成了普林斯顿大学的一名教授。在获得诺贝尔奖后的获奖感言中，丹尼尔·卡尼曼讲述了那一晚的故事。

那一晚表现出来的善意中隐藏着一个秘密，那是他俩当时都不明白而科学最近才发现的一件事：可能有一种方法能让"坏"人内心中的"好"涌现出来……

*　　*　　*

数据显示，平均而言，你每获得 10 个朋友，就会树立一个新的敌人。对了，"敌人的敌人就是朋友"这句老话并不准确。克里斯塔基斯和福勒发现，你生活中的那些敌人在他们自己的生活中也有着敌人，而他们的敌人也相当混蛋。除非你是对付小丑的蝙蝠侠，否则敌人一般不是你生活中造成最大问题的人。那么是谁呢？

"友敌"往往比敌人更糟糕。杨百翰大学心理学教授朱莉安娜·霍尔特–伦斯塔德发现，"友敌"（正式名称是"矛盾关系"）会增加焦虑，让你的血压高到爆棚，这比真正的敌人造成的压力还要高。为什么"友敌"比敌人让人更有压力？那是因为不可预测性。在敌人或者在支持性的朋友身边，你知道自己期待的是什么，但那些与你有着矛盾关系的人，总是让你处于不安的状态。这就是为什么朱莉安娜·霍尔特–伦斯塔德发现，随着时间的推移，"友敌"的数量与抑郁症和心脏疾病相关联。这是否真的意味着"友敌"比敌人更糟糕？

是的。不管你信不信，与我们有矛盾关系的朋友占据了我们一半的人际关系。研究发现，我们与他们见面的次数并不少于与支持性的朋友见面的次数。

有些"友敌"只是跟我们"气场不合"，但另一些则是自恋狂。正如物理学家伯纳德·贝利所说："如果宇宙的中心被发现了，很多人会感到失望，因为宇宙中心竟然不是他们自己。"这些人到底是怎么了？意想不到的是，他们很符合亚里士多德的范式。自恋狂不把别人纳入他们的"自我"，至少程度不深，频率也不高。自恋是指你不再试图通过依赖别人来缓解你的不安全感，而是转向一个你想象中的自我，一个优越的自我。

我们都会幻想自己富有、能干、令人钦佩。这就是人类。我们都会梦想着敌人被我们踩在脚下，在大庭广众之下被羞辱，被无情地折磨……好吧，可能只有我这样想。正如克雷格·马尔金博士所指出的，我们和自恋狂的区别在于，我们享受幻想，但自恋狂沉迷幻想。大多数人会从他人身上汲取力量，而他们只从自己身上汲取力量。对他们来说，不存在"另一个自我"这一说。缺乏共情是这种心理障碍的核心。对于自恋狂来说，"出人头地比并肩前行更重要"。至于"患难之交"？对自恋狂来说，落难的朋友只是一个弱者而已。

那么，跟自恋狂打交道的最好方法是什么呢？幸运的是，答案很简单：不要打交道。像哔哔鸟①一样说一句"哔哔"，然后以最快的速度跑开。专业人士的第一建议都是如此，我们只是通常不愿意这样做而已。但如果"不打交道"不在选项之中呢？或者假如你真的相信自己可以救赎这位"友敌"呢？

如果患有自恋型人格障碍的"友敌"已经病入膏肓，那就别想了。我宁愿推荐你给自己动阑尾切除手术，也不会让你去尝试改变一个确诊的自恋狂。猜猜看，治疗他们的效果如何？通常是完全没有效果。他们还经常获得"消极的治疗结果"——他们的情况变得更糟了。资料显示，"反移情"是自恋狂治疗中的一大问题。翻译一下：他们甚至会操纵那些试图治疗他们的专业人士。与他们交手会对你的其他关系造成伤害。

但如果他们属于亚临床型，那就有机会了。我们可以使用所谓的"共情提示"技巧。自恋狂在共情方面有困难，但研究表明，这并不是

---

① 美国卡通片《乐一通》(*Looney Tunes*)中的卡通人物。——译者注

因为他们的共情能力为零，而是他们的共情肌肉很弱。十几项研究表明，对于低级别的自恋狂，我们可以刺激那块薄弱的肌肉，并且随着时间的推移，让它变得强健。但是要记住，我们是从情感入手，而不是从认知入手。对自恋狂摇摇手指，告诉他们哪里做错了，以及你想要什么，只会教他们更有效地操纵你。我们的目的是在情感上把朋友作为"另一个自我"纳入他们的身份认同中。这不同于批判性思考，而是批判性感受。

最棒的是，共情提示既是试金石又是治疗方法。如果他们没有反应，那么他们可能已经达到了临床标准。（下一步就是用大蒜驱散他们或者用木桩刺穿他们的心脏 ①。）但如果共情提示能够影响他们，你就可以帮助他们改善。

那么，如何让"坏"人内心中的"好"涌现出来呢？我们将从 3 个角度开始。

1. 强调相似性

是的，就与我们在前文中谈到戴尔·卡内基的内容一样，一项名为"削弱受威胁的自我中心主义和攻击性之间的联系"的研究发现，这样做会直接提升对"另一个自我"的感觉。实际上，强调相似性对自恋狂而言，要比对非自恋狂有更大的影响。为什么呢？这里面包含着一些非常巧妙的心理学上的柔术。研究人员写道："这种操纵方式能够利用自恋狂的弱点——自恋。自恋狂爱自己，如果对方和他们相似，

---

① 西方传说中对付吸血鬼的方法。——译者注

他们怎么能伤害那个人呢？"这么做的效果如何？"……当被试认为他们与同伴之间有一个关键的相似之处时，自恋狂的攻击性会显著减弱，甚至在他们的自我受到威胁的情况下也是如此。"而且相似之处不需要那么重要。仅仅告诉自恋狂你们的生日是同一天，或者你们拥有相同的指纹类型就会产生效果。"你知道我们都是 O 型血吗？现在你不会再给我背后捅刀了吧。"（不，别把后边这句话真的说出口。）

2. 强调脆弱之处

这就再一次说回了我们所讲的基本方法。用这个方法时你得小心，因为暴露弱点会让捕食者扑上来。但这也使这个方法成为一个很好的试金石：如果他们扑上来利用你的脆弱，他们可能就没救了。如果他们心软了，那么还有希望。采用这个方法时有两个关键点：说出这段关系对你的重要性，并说出你的感受。表达愤怒会适得其反，但表达失望出奇地有效。下一次当那个混蛋说了一些混账话时，请回应："这让我很不好受。这是你的本意吗？"如果他还有救的话，他就会收手。

3. 强调团体

与强调相似性一样，这种方法实际上在自恋狂身上起到的作用要比在普通人身上更大。研究人员把它比喻为酒精：如果你不经常喝酒，那么酒精在你身上起的效果就会更大。自恋狂不习惯于共情，所以当它发生作用的时候，会产生更大的影响。要提醒自恋狂他们有家庭、朋友，以及和你所拥有的相同的人际关系。由于他们的默认设置不是共情，所以你需要提醒他。如果你在这些方面得到了积极的回应，那么就学习一下驯狗的方法：给予正强化，并奖赏他们。

自恋狂不会在某个产生弗洛伊德式的自我觉察的瞬间突然改变。这可不是迪士尼电影，给绿毛怪格林奇一个大大的拥抱并不能让他立刻变成小甜心。这可能是一个费力不讨好的过程，但对于你关爱的人来说，这么做可能是值得的。

他们正在备受煎熬，记住这一点是有帮助的。虽然看起来不太像，但他们确实在受苦。对自己的美梦上瘾是一种诅咒，而且自恋型人格障碍会"高度合并其他心理障碍"。这句听上去很高级的话的意思是，这些人除了沉迷时尚杂志以外还有其他问题。他们更有可能患上抑郁症、焦虑症，且具有长期嫉妒心理、完美主义心理、人际关系困难问题的概率较高。同样不容忽视的是，他们自杀的概率也较高。当人们患上抑郁症、焦虑症或边缘型人格障碍时，我们往往会对他们产生同情。但对于自恋狂，我们常常说他们就是"坏"。这就像认为患有肺结核的人值得同情，而患有脑膜炎的人是一群混蛋一样。自恋型人格障碍的遗传率为 45% ~ 80%，而且至少有两项研究指出它是由基因造成的。你的"友敌"并不友好，但重要的是要记住，这可能不是他们的错。

但是，如果他们达到了临床标准，而你不能"哔哔"一声就逃脱出来，你该怎么办呢？最后的选择是两个 B①：边界和谈判。你需要以"另一个自我"的反面为目标，即建立一种彻底的交易关系。不管做什

---

① 为英文单词 boundary 和 bargaining 的首字母。——译者注

么事情都列出成本。首先，设立边界。你将不再容忍哪些事情？如果他们跨过了这些边界，你会怎么做？要坚定、一致，但不要刻薄。接下来是谈判。到了"让我们做笔交易"的时候了（忽略你们之间的那股火药味儿）。要专注于双赢。如果你有自恋狂想要的东西，他们一般会公道行事。还要确保他们支付预付款，且你的定价要高于市场价。要评判行为，而不是意图。临床心理学家艾伯特·伯恩斯坦建议，当自恋狂对不该觊觎的东西垂涎欲滴时，最后的一个好办法是问："别人会怎么想？"自恋狂可能不会感到内疚，但他们确实会感到羞耻，因为他们很在意自己的形象。

如果你们是长期的朋友，那么好消息是随着年龄的增长，自恋狂的症状会有所减轻。多年来，现实冲击着他们的幻想，那些合并症状会愈发严重，受过他们虐待的人也会意识到沃尔玛是有干草叉和火把 [1] 出售的。我并不想在这里引用因果报应的概念，但很多时候自恋狂会得到应有的惩罚，因为很少有人能把自己的妄想永远维持在同一水平上。

讽刺的是，自恋狂是如此关注自我，却又缺乏自我意识。这里有一个例证。塔尼娅·辛格 [2] 是一位大牌学者，她欺负她身边的所有人，甚至连她实验室里的孕妇都不放过。最终她声名狼藉。而塔尼娅·辛格研究的是什么呢？她是研究同理心的重要学者。

好了，我们已经谈过了"友敌"。现在是时候总结一下，对"患难之交才是真朋友"这一格言做出最后的判断了。

---

[1]　在西方传说中，人们对付吸血鬼时可以用到的工具。——编者注

[2]　德国心理学家和社会神经科学家。——译者注

第 10 章
友谊的力量

现在，让我们小结一下目前所学到的东西，看看"患难之交才是真朋友"这句话到底是真是假……

共情是指你和对方之间的界限变得模糊。亲近是指你的"自我"挪出了空位，能够把对方纳入其中。而真正的朋友是"另一个自我"，是你的一部分。亚里士多德很早就提出了这一点，在几千年后，科学证明他是对的。

也许友谊可以被定义为非交易性的相互帮助，我们不会跟朋友斤斤计较。大脑告诉我们的故事是，朋友是我们的一部分，这就是为什么我们可以摆脱无情的达尔文主义的支配，并采取利他主义行动。

没有正式的制度来规范友谊，这使友谊变得脆弱但纯粹。这也是为什么朋友关系比其他任何关系都更能让我们快乐。朋友的存在只是因为你真心希望他们就在你的身边。但由于没有结婚证、血缘关系或契约的支持，我们必须努力地投入其中，尽力保护友谊才能维持友谊。

戴尔·卡内基的观点在关系的早期阶段是正确的，但我们必须传递"时间"和"脆弱"这两种"昂贵的信号"，才能建立和维持长期、真正的友谊。在那些患有威廉姆斯综合征的人身上，我们看到了我们应该追求的东西：一种无畏、开放的爱，这种爱让人更多地看到他人身上好的部分，而不是危险之处。

我们会遇到那些不太好的人。事实上，我们的生活中已经有很多这样的人。对于低级别的自恋狂，我们可以利用相似性、脆弱和共处同一个团体的共情提示来告知他们：他们缺乏爱的温暖，但又迫切需要这种温暖。丹尼尔·卡尼曼的母亲知道，人是复杂的，有时他们只是需要一个情感上的提示来让他们不再试图显得与众不同，而是开始尝试变得更好。

现在，我们知道了友谊是如何形成的，我们终于准备好解决这个大问题了。这句古老的格言"患难之交才是真朋友"是对的吗？正如第 5 章的末尾所说的那样，对这句话的理解存在一些争论，但我认为在这些争论中，我们学到了很多关于友谊的知识。

在这句格言中，有两件事不够清楚。第一，谁是需要帮助的人？是你，还是你的朋友？第二，句子的结尾是指在"行事上"是真正的朋友，还是在表达他"确实"是你的朋友①？这为得到正确的解释提供了 4 个候选项。

1. "当你需要帮助时他仍然做你的朋友，所以他肯定是你的朋友。"
2. "当你需要帮助时，真正的朋友会用行动来表示他是你的朋友。"
3. "一个需要帮助的朋友肯定会表现得像你的朋友。"
4. "一个需要帮助的朋友会像朋友那样行事。"

有趣的是，学者们都一致同意这句话指的是什么意思。但当你询

① 指英语谚语 "A friend in need is a friend indeed." 中，表达的是 in need 还是 indeed。——译者注

问普通人时，他们所倾向的解释与学者不同。你猜历史学家认为哪一个是这句话的原意，而普通人更喜欢哪一种解释？请思考片刻。我坐在这里，哼着《危险边缘》①节目在最后一轮播放的音乐等你回答。

4 号解释没有多大意义，它被淘汰了。3 号解释可能是真的（这句话有些见利忘义吧），但两组人都没有选这个。最后的答案是什么？学术界认为 2 号解释是这句话的本意："当你需要帮助时，真正的朋友会用行动来表示他是你的朋友。"但普通人更喜欢 1 号解释："当你需要帮助时他仍然做你的朋友，所以他肯定是你的朋友。"

大家一致认为，你是患难的那个人，但我们是在"行事上"还是在"确实"上仍有争论。请原谅我的吹毛求疵，但我们可以通过强调是"行为"或者"只是在那里"对这两者进行区分。学者们的"正确"解释听起来比普通人喜欢的解释略微带有交易性。"你会为我做什么"与"你在我身边就好了"，正是达尔文与亚里士多德的辩论的核心。2 号解释更理性，就像乔治·普赖斯的数学。而 1 号解释更接近"另一个自我"。我认为大多数人喜欢 1 号解释并不奇怪。当谈到友谊时，我们天然就更看重联结，而不是计算利益。我们想要的是"另一个自己"。

而历史学家的解释版本警告我们，不要去交那些承诺很多但兑现很少的假朋友。他们强调"行胜于言"，或者用我们新学到的关于友谊的知识来说，要关注"昂贵的信号"。毫无疑问，这个建议不错。我们都清楚时间和脆弱在人际关系中的重要性。

---

① 美国一档智力竞赛电视节目，题目内容涵盖历史、语言、文学、艺术、流行文化、体育、地理等。——译者注

但我认为，大多数人不采纳历史学家的解释版本这一事实让我们进一步了解了人性。在调查中，人们最常说的关于朋友的事情是什么？那就是"朋友伴你左右"。而普通人对这句格言的解释正强调了这一点。"昂贵的信号"是好的，但我认为，人们抵触历史学家的解释版本是因为我们确实不想记账。（也许学术界这样解释是因为他们觉得有必要提醒我们一下，因为有时他人确实会利用一下我们。这也有点道理。）

佛罗里达州立大学教授罗伊·鲍迈斯特所做的报告指出，研究一致表明，我们是基于"是否容易获得支持"来判断友谊的质量的——当我需要你时，你是否在我身边？但关于"行动"（朋友能够提供的具体援助）方面的研究结果好坏参半，有时甚至是负面的。一旦某人成为我们的朋友，我们就不想考虑那么多的"行动"了。我们不想记账，因为这很快会让友谊变得带有交易性。这就像一个滑坡，会让我们抛弃那些关心我们但提供帮助最少的朋友，转而去讨好那些能够给予最多帮助但根本不关心我们的人。

我们会更加关注情感和意图，因为它们很重要。50美元的礼物和50美元的贿赂之间有区别吗？谋杀和正当防卫之间有区别吗？当然有。区别不在于行为本身，而在于意图。

见利忘义的人可能会想，如果我们只关注情感，在患难的时候却从来得不到任何具体的援助，那我们可就完蛋了。不必担心这个问题。如果人类没有天生就倾向合作的话，社会不可能发展得如此壮大。正如我们所看到的，伸出援手是人类的天性使然，而且当风险更大时，我们更有可能这样做。当朋友患难时，我们更有可能提供帮助，即使是在不合理的情况下，甚至在最不可能的情况下也是如此。

你会为了某个朋友而撒谎吗？让我们将赌注提高一下：你会为了某个朋友而向政府撒谎吗？研究人员询问了来自 30 多个国家的 3 万人，是否会为保护朋友而在发誓后撒谎。不同地方的人们伸出援手的倾向是一致的吗？他们都被同样的人性所约束吗？还真不是。各国的调查结果差异很大，什么样的数据都有。但后来他们发现了一个模式……

领导这项研究的人类学家丹尼尔·赫鲁施卡基于社会是否公平、稳定和腐败对数据进行了分类。答案简单明了：在生活更艰难的地方，人们更有可能为了保护朋友而将自己置于危险之中。在朋友最需要帮助的地方，人们在"行为"上和"陪伴"上都担得起"朋友"二字。

那么，对这句格言的最终结论是什么？我们会说：它是对的……只不过我们需要弄明白这句话的意思。我们必须去掉那个巧妙的押韵，澄清"行事上"和"确实"的区别。以后我们可以这样说：

"在你需要帮助的时候仍然陪伴着你的，才是真正的朋友。"

我知道，这么说很笨拙，但我向你保证过，这句话不是空话，它非常科学。而且它也确实阐明了我们想要的是什么：当我需要你的时候，请出现在我身边。这个世界可能很自私，充满着竞争，但你与我之间不必如此。也许你有能力用"行动"来帮助我，也许你没有这个能力，但我不是在寻求交易性的利益。我最想要的是"另一个自我"，来帮助我分担生活中的压力。

这句格言没有涉及一个我认为我们必须牢记的关键问题：即使没有人患难，友谊也应该得到更多的尊重。由于没有制度的支持，友谊可不像结婚纪念日、家庭聚会或在公司工作满 10 年获得的感谢信一样，获得了充分的认可。但是，友谊极大地提升了我们在生活中的幸福感，所以它应该得到更多的重视。投入时间是关键，暴露脆弱也必不可少，但也许我们还需要记得感恩。今天就去拥抱一个朋友吧！我们还没有足够充分地庆祝和朋友之间的友谊。

在写本书时，我自己正在处理一些朋友之间的问题。书写这一章帮到了我。对于目前得出的结论，我个人也十分赞同。（我在这里所表达的感情可能有些脆弱，而暴露脆弱会让我更容易受到巫术的影响。话虽如此，请放心，我把你当作朋友。）对了，在结束本章之前还有一件事。

安息吧，乔治·普赖斯。我希望我们为你主持了公道。

好了，我们已经深入地探究了友谊，现在是时候再次提高赌注，更深入地探究疯狂的人际关系的奥秘了。还有什么比爱情更疯狂的呢？我想不出来了。浪漫的爱情是一个很大、很大、很大的主题，而我们将把重点放在关于爱情的那个永恒的问题上：爱能够征服一切吗？

是时候找出这个问题的答案了……

第三部分
爱能征服一切吗

我们经常听到"爱能征服一切"。这是真的吗？我们如何维系婚姻中的爱情？为什么说"二联性精神病"是最佳的伴侣状态？在本部分中你会找到这些问题的答案。

第11章
历史上"最好的婚姻"

你会恨我的。

你已经很清楚,这本书不是"让你感觉良好、无视所有坏处、只说你想听的内容"的那类人际关系宝典。我想警示你的是,你也不会喜欢你即将在这一部分中读到的内容。

真相会让你自由,但它首先会让你生气。正如进化心理学家和关系研究者戴维·巴斯所说:"我发现的某些关于人类交配的东西并不美好。"在你的内心深处,你是知道这一点的。爱情的感觉是最棒的……但那些涉及爱情的实际活动,没有人否认其中的一些要比煞风景更糟糕。

大多数这种类型的书只是告诉你你想听的东西。然后你按他们说的去做,却发现没有效果,于是你开始责备自己。一段时间后,你怀疑自己似乎出了什么毛病,好像你才是问题所在。这是不公平的(现在,我被留下来收拾烂摊子,成了替罪羊,这也很不公平)。

美国国立卫生研究院、美国食品药品监督管理局以及我的妈妈都想告诉你,你在阅读这章时可能会被真相击倒。我将向你展示我们已有的有力证据。其中一些会像威士忌酸酒那样,只是没有真的给你威士忌酸酒喝。这些答案你可能第一眼并不喜欢,但我们无法解决我们没有准确理解的问题。

　　亲爱的读者，同情一下我吧。这是一个非常敏感的话题，人们对它感受强烈，而提供冷酷的事实无疑是一种受虐狂式的行为。

　　但请放心，也不全是坏消息，远远还没到那份儿上。我承诺在这一部分的最后，我会向你展示一些"魔法"。我保证，爱与幸福——至少实现它们的潜在可能——是存在的，只是我们面前的道路极具挑战性。因此，在推特上发布断章取义的内容，或者给我的收件箱里塞满写着大写字母的仇恨邮件，或者呼吁将本书从书店里下架之前，请先读完这一部分（如果我因不明原因死了，请不要轻信验尸官的报告）。

　　对于幸福的婚姻来说，不存在"熊熊工作室"① 商店，但我将向你展示最接近熊熊工作室，也是最诚实的内容。我将用比看一部奈飞电视剧还要短的时间，来弄明白爱情是什么。有关爱和婚姻的一切都很复杂，没有什么是显而易见、简单或容易的。我真是个疯子。祝我好运吧！我们要开始了……

                              *　　　*　　　*

　　大约在公元前 38 年，罗马诗人维吉尔写道："omnia vincit amor"，也就是"爱能征服一切"。《圣经》中也有类似的措辞。《圣经·新约·哥林多前书》第 13 章第 7 节中写道："爱是凡事包容，凡事相信，凡事盼望，凡事忍耐。"直到今天，我们仍然在歌曲、电影中和婚礼上听到这句格言的各种版本。但它说是真的吗？爱真的能征服一切吗？

---

① 　熊熊工作室是一家美国零售商，顾客光顾该商店时可以根据个人喜好组装自己的毛绒玩具。
                                                    ——译者注

当然不能。我完全支持诗歌自由，但是你有没有关注过近期的离婚统计数据？让我免去你在谷歌上搜索的麻烦：美国大约 40% 的婚姻以离婚告终。俗话所说的"七年之痒"更像是"四年之痒"。在结婚后的第 4 年前后离婚最为常见，而这一统计数字在全世界都成立。（事实上，每 10 位美国妇女中就有 1 位在 40 岁时结过 3 次或更多次婚。）

我不想扫你的兴，但如果你生产的汽车在驾驶途中有 40% 的可能被撞毁，而你的营销口号是"本田征服一切"，那么你会面临集体诉讼。

首先，浪漫爱情的起源并不是中世纪的宫廷爱情，它一直以来都存在。爱情诗可以追溯到 3500 多年前的埃及，且爱情是在全球普遍存在的。在人类学家所研究的 168 种文化中，有 90% 的文化都有它，剩下的 10% 只是没有足够的资料进行确认。

无论你研究的对象来自哪个国家、哪个年龄段，是什么性别、有什么样的取向或属于哪个种族群体，爱情的体验基本上是一致的。几乎可以肯定地说，它是与生俱来的。我们都知道在整个历史上，许多文化都试图压制浪漫爱情，但最后都惨遭失败。

话虽如此，浪漫爱情的细节却有诸多不同。在佛罗里达州杰克逊维尔市，60% 的受访者说伴侣就是自己最好的朋友。你知道在墨西哥城有多少人这样说吗？没有人。存在浪漫之吻的文化实际上是少数：在所研究的 168 种文化中，只有 46% 的文化中存在拥吻。而且，爱并不总是与心有关。在西非，爱的发源地是鼻子，而对特罗布里恩岛岛民来说则是肠子。（看来，用打喷嚏和消化不良来打的比喻需要人们认真地重新思考了。）

对于我们来说，通常长期的爱情所表现出的形式是婚姻，但这导致了我们需要与之抗争的巨大谜团。有 1000 篇文章告诉我们婚姻让你更健康、更快乐。嗯……不对。许多这样的研究只是比较了已婚人士和单身人士的幸福水平。他们发现已婚人士过得更好，然后说："看到了吧？婚姻让你健康和快乐。"但这是犯了一种叫作"幸存者偏差"的错误。如果你想研究结婚是否会让人更幸福，那么你应该把分居、离婚和丧偶人士与目前的已婚人士归为一类，而不是将其与未婚人士归为一类。否则，这相当于只研究大牌影星，然后说："成为演员显然是一个很好的职业选择。"

当你研究所有步入过婚姻殿堂的人与从未这么做的人时，你会发现他们的健康水平和幸福水平差异很大。简单来说，婚姻不会使你健康快乐，好的婚姻才会使你健康快乐。而一段糟糕的婚姻，即使已经过去了，也会产生非常（或者极其）负面的影响。

婚姻对健康有什么影响？好吧，如果你是婚姻游戏中的赢家，那么它带给你的积极影响是很多的。心脏病、癌症、阿尔茨海默病的发生率会降低，血压甚至死亡率等指标都得到了改善（已婚男性的平均预期寿命延长了 7 年）。然而（在这里我需要说到这个讨厌的词——"然而"），如果你的婚姻不幸福，你的健康状况可能比你未婚时差很多。糟糕的婚姻会使你生病的可能性提高 35%，并让你的寿命缩短 4 年。一项针对近 9000 人的研究发现，离异者和丧偶者的健康问题（包括心脏病和癌症）要多出 20%。最令人惊讶的是，其中一些问题会一直影响他们，即使他们再婚。进入第二段婚姻的人比那些从未离婚的人患有严重健康问题的可能性要高 12%。而离过婚的女性患心血管疾病的可能性要高出 60%，即使她们再次步入婚姻殿堂。

那么幸福水平呢？如果婚姻状况良好，结婚这一行为一定会提升你的幸福感。2010 年澳大利亚的一项研究甚至说，过去的研究可能低估了身处幸福婚姻中的人的幸福程度。但是，反面的情况可能比你预想的还要糟糕。一项针对 5000 名病人的医疗记录的研究显示，离婚是你可能经历的第二大压力事件（第一大压力事件是配偶死亡）。在给人带来的压力方面，离婚甚至击败了进牢房。

别急，情况还能变得更糟。人类的适应能力很强。尽管发生了所有这些坏事，你的幸福水平最终都会恢复到基线。但是离婚不一样。一项针对 3 万人所进行的长达 18 年的研究表明，在婚姻破裂后，主观幸福感的水平会回升，但不会完全恢复。离婚似乎会让你的幸福水平留下永久的"凹痕"。而当你观察整个婚姻状态光谱时，你会发现身处不幸福婚姻之中的人是最悲惨的。所以，如果你注定要孤独，最好是一个人孤独。

总之，婚姻不是健康或幸福的保障。它更像是赌博：要么满载而归，要么损失巨大。而且，如果继续用赌博的比喻，输赢概率并不是50/50——40% 的离婚率，再加上 10% ~ 15% 的分居但不离婚的可能性，再加上至少有 7% 的已婚人士长期不快乐。无论你怎么看，婚姻都不是保障，只有少数人能够进入并维持幸福的婚姻。

这是怎么回事？这绝不是社会想告诉我们的爱情和婚姻的模样。事情是如何变得如此极端：婚姻要么让你发自内心地感到幸福，要么彻底毁掉你的生活？它一直以来都是这样吗？

不，并非如此。婚姻曾经征服过一切。那时候，它与爱情毫无关联。事实上，从历史角度来看，可以说是 "爱情毁了婚姻"，或者说 "爱情战胜了婚姻"。正如历史学家斯蒂芬妮·孔茨所指出的，在绝大多数有记载的历史上，结婚的主题曲可能是歌手蒂娜·特纳的《跟爱情有何相关》。（我不建议你在婚礼上播放这首歌，也不建议播放 U2 乐队的《我仍未找到我所找寻的》。）

在有史以来的绝大多数时间里，婚姻更多是与经济而非爱情有关。这并不是什么邪恶计划的一部分，而是因为生活曾经真的很艰难。"出于爱情而结婚" 并不是一个现实的选项。那时候的模式更像是 "为了避免死亡而结婚"。那时候的生活往往是糟糕、残酷和短暂的。你不可能靠自己的力量成功。个人成就感需要让位于找到食物果腹和击退强盗。孔茨指出，婚姻的功能与今天的政府和市场一样。在社会保障、失业保险和医疗保险出现之前，婚姻就是这些东西的替代物。就像今天，你出门工作更多地是因为你要支付账单，而不是因为你热爱这份工作。那时的你结婚也是因为要支付账单，而不是因为你喜欢结婚对象。结婚对象更像是工作伙伴，而非灵魂伴侣。

对于富人来说，历史上的婚姻就像 MBA 课程中的合并和收购。与其说是找到合适的配偶，不如说是找到合适的亲家。是的，今天你总是对公婆或者岳父岳母心怀抱怨，但在过去，他们实际上是你结婚的原因。想想看：你并不需要婚姻来谈恋爱或生孩子，但你确实需要它来与强大的家族建立长期的联盟。事实上，亲家是如此重要，以至于在一些国家甚至出现了"冥婚"。是的，跟一个死人结婚（好处是你们不太可能吵架）。而在太平洋西北部的贝拉库拉[1]社会，与合适的亲家联姻的竞争是如此激烈，以至于人们有时会与另一个家庭的狗结婚。这是真的。

当然，那时的已婚人士也会陷入爱河，只是对象通常不是他们的配偶。正如大仲马所调侃的那样："婚姻的镣铐是如此沉重，以至于需要两个人去扛，有时是三个人。"爱上配偶往往被认为是不可能、不道德或是愚蠢的。

更重要的是，婚姻中的爱情被看作对社会秩序的威胁。生活太艰难了，不应该把个人的幸福看得很重要。你必须把对家庭、国家、宗教或社区的责任放在个人满足之上。婚姻是一个太重要的经济政治关系，由不得爱情来胡作非为。激情？你最好对那东西保持警惕，因为它会碍事儿。婚姻是个好东西，你难道想把它变成一期《杰里·斯普林格秀》[2]？在一夫多妻的文化中，爱妻子是可以接受的，但把爱留给二号或三号妻子，好吗？我们手上还有个社会需要管理呢，谢谢。

但后来事情发生了变化。18 世纪的启蒙运动来临了。人们开始谈论某种被称为"人权"的让人疯狂的新鲜事物。并不是因为大家突然醒悟或者变善良了，这仍然是由于经济原因——自由市场。人们赚到了更多的钱，可以靠自己生存了。个人主义成了一个现实的选择。于是，到了 19 世纪，许多人开始出于爱情而结婚……

---

① 为北美印第安人，他们基于共同祖先、共同文化和共同语言而具有强烈的认同感。——编者注

② 20 世纪 90 年代美国热门电视节目，其参与者主要是下层社会人物。由于家庭纠葛或感情问题，人们会在节目中互相谩骂，甚至动手。——译者注

但事情几乎立刻就变成了地狱。是的，个体有了更多的选择，也有了获得爱与幸福的绝妙的可能性。那么爱"征服一切"了吗？婚姻开始变得不再那么稳定，提升了婚姻满意度的东西同样也使婚姻变得脆弱不堪。在 19 世纪 90 年代，人们不得不创造了"约会"（dating）一词，因为这个概念以前根本不存在。曾经坚如磐石的婚姻制度遭到了围攻，到了 20 世纪初更是发生了巨变。那个年代发生着一系列令人惊叹的变化——电力、汽车、火车、抗生素一一出现。而在 1880 年到 1920 年间，美国的离婚率也翻了一番。

但随后发生了第二次世界大战。大战结束后，美国的经济生活变得相当不错，所以婚姻生活也相当不错。就业率上升，离婚率下降。在 20 世纪 50 年代出现了仍被今天的许多人认为是"传统"婚姻的高光时刻：核心家庭。想想"唐娜·里德"①《天才小麻烦》② 以及《老爸最知道》③。妈妈、爸爸、2.4 个孩子和一条狗……一切都很美好。但具有讽刺意味的是，这个今天仍被许多人认为是柏拉图式婚姻形式的时代，实际上只是一个小插曲。历史学家史蒂文·明茨和苏珊·凯洛格称其为"伟大的例外"。它远非常态，而且确实没有持续很久。

到了 20 世纪 70 年代，"传统"婚姻已经开始瓦解。美国各州通过了无过错离婚法。这是有史以来第一次人们可以仅仅因为感到不开心而结束婚姻。到了 1980 年，美国的离婚率达到 50%。长达几个世纪的

---

① 美国女演员和制片人，于 1953 年获得第 26 届奥斯卡金像奖最佳女配角奖。——译者注

② 1957 年至 1963 年间在美国电视上播出的情景喜剧，描述好奇天真的男孩西奥多·"海狸"·克莱弗在家庭和学校的冒险经历。——译者注

③ 于 1949 年开始播出的美国喜剧，讲述了中产阶级家庭安德森一家的生活。——译者注

转变几乎已经完成。未婚者不再被看作不完整或者不道德的人，同居情侣的数量激增，怀孕也不再意味着你必须结婚。而在 2015 年，最高法院批准了同性婚姻。爱，取得了胜利。

见鬼，爱不仅仅是赢了。有史以来第一次，它成了不可或缺的东西。而我们忘记了它是一个多么新的概念。在 20 世纪 60 年代，1/3 的男性和 3/4 的女性认为，爱并非婚姻的必需品。到了 20 世纪 90 年代，86% 的男性和 91% 的女性说，如果没有陷入爱河，他们就不会结婚。几个世纪过去了，婚姻主题曲从蒂娜·特纳《跟爱情有何相关?》变成了披头士乐队的《你需要的就是爱》。

这并不意味着所有这些自由没有坏处。西北大学教授伊莱·芬克尔称这种现代模式为"自我表达的婚姻"。婚姻的定义由你决定，这有点可怕。你知道你想要的到底是什么吗? 你最好知道。婚姻不再由教会、政府、家庭或社会来定义，它是一个 DIY 套件，其说明书单独出售。过去的婚姻在许多方面肯定是不公平和不平等的，但规则是明确的。但现在，它让人感到困惑。

更困难的是，我们对婚姻抱有的期望已经到达了顶点。我们仍然想要得到过去的婚姻能够提供的许多东西，我们还认为婚姻应该实现我们所有的梦想，让我们成为最好的自己，并持续成长。滚石乐队的《你不能总是得偿所愿》并不在我们的播放列表之中。我们不光因为不快乐而离婚，还因为我们本可以更快乐而离婚。芬克尔说，以前你需要证明离开伴侣是合理的，而现在你需要证明留在伴侣身边是合理的。虽然我们对婚姻的期望值上升了，但我们达到这些期望的能力下降了。

一对夫妻的工作时间越来越长，而在一起的时间越来越少。从 1975 年到 2003 年，没有孩子的夫妻平日里在一起的时间减少了 30%，而有孩子的夫妻在一起的时间则骤减了 40%。

与此同时，婚姻还排挤掉了其他可能减轻人们负担的关系。牛津大学罗宾·邓巴的研究表明，坠入爱河会让你失去两个亲密的朋友。芬克尔指出，在 1975 年，美国人每周末会花 2 个小时与朋友或家人在一起。到 2003 年，这个数字下降了 40%。同时，在 1980 年到 2000 年之间，基于婚姻幸福可以预测出个人幸福的准确度几乎翻了一番。婚姻不再是你拥有的关系之一，而是你拥有的最重要的关系。我们正经历着生活的伴侣化。

在过去的几十年里，婚姻的稳定性在增强，离婚率在下降。问题是，这主要是因为结婚的人越来越少。自 20 世纪 70 年代以来，全球各地的结婚率几乎都在下降，美国目前的结婚率处于历史低点。在这个史无前例的转变中，平均每个美国人处于单身状态的年头比处于已婚状态的年头长。婚姻对我们来说已经从奠基石变成了压顶石。曾经的年轻人是在通往成熟的路上结婚，而现在，结婚的要求变得令人焦虑，以至于人们想要确保一切准备就绪了，才愿意尝试结婚——如果他们真的选择走结婚这条路的话。

不，即使你冲我大吼大叫，这些事情仍然是真的。我在这几页里到处"播撒"令人心情低落的婚姻事实，就像散播希望种子的约翰尼①似的。我理解你会感到沮丧。我在本章的一开头就发出警告是有原因

---

① 美国历史上的传奇人物，他在乡间播撒苹果种子，种植了大量的苹果树。——译者注

的。如果你想去亚马逊网站上给本书打一星的话，先别急，没有必要进入一级防御状态，因为我确实有一个好消息。事实上，是一个非常棒的消息。没错，平均来看婚姻状况正在恶化，没有什么被挽救的希望，但关于那些最好的婚姻，你要知道它们比人类历史上的任何一场婚姻都好。就是这样。

芬克尔证实了这一点。"如今，最好的婚姻比过去时代中最好的婚姻更好。事实上，它们是世界有史以来最棒的婚姻。"离婚会让你的幸福水平留下永久的凹痕，平均来看，婚姻也可能令人相当失望，但如果你把婚姻关系处理对了，你的婚姻将比任何时代里的任何人都幸福，你将在这方面"称霸"。因此，并不是每个人的婚姻前景都充满厄运和阴霾，而是"赢家通吃"。这就是为什么芬克尔称我们这个时代的婚姻是"不成功便成仁"的婚姻。

如果我让你的童话幻想破灭了，我很抱歉，但童话故事本来就帮不上什么忙。2011 年马里斯特民意调查发现，73% 的美国人相信有灵魂伴侣。2000 年的一项研究认为，78% 的人在憧憬爱情时，会带有童话元素。研究人员还发现，相信这些东西的人在婚姻中会比那些脚踏实地的人经历更多因幻想破灭而产生的失望心情和焦虑情绪。这是为什么呢？

因为童话故事是被动的。如今的幸福婚姻需要你积极主动地做出努力。如果你努力了，你就可以拥有圆满的婚姻。引用芬克尔的话来说，"相对于早期的婚姻，今天的婚姻需要更大的投入和更多的"滋养"，这种变化使越来越多的婚姻面临"停滞"和解体的风险。但是，如果夫妻双方在这段关系中投入必要的时间和精力，就可以实现在以往时代中遥不可及的婚姻满足感"。

  如果今天的你正在爱情中挣扎，这不是因为你疯狂，也不光是你一个人这样，且不一定是你的过错。我们现在知道了，一般而言，爱并不能征服一切。但如果你做对了，你的爱就可以做到。所以，我们要对这句格言微调一下。与其问 "爱能征服一切吗"，不如说我们要解开这样一个谜团："我如何做才能确保我的爱能征服一切？"

  下面，让我们看看史上 "最伟大的情圣" 是如何解决这个难题的……

第 12 章
"情圣"卡萨诺瓦

　　如果你不喜欢读历史，但又不得不读，那就读读卡萨诺瓦的故事。说真的，这家伙的一生比大多数暑期电影还要精彩。间谍、丑闻、高赌注赌博、暗杀、生死决斗、秘密社团、背叛、骗术、流放都和他有些关系。卡萨诺瓦逃出了一个密不透风的监狱，而且是用贡多拉逃出来的。卡萨诺瓦曾与国王乔治、凯瑟琳大帝、歌德、卢梭和多位教皇谈笑风生。他还与本·富兰克林一起参加过科学会议，曾与伏尔泰唇枪舌战。哦，当然，他还做过那些最让他出名的事情：一次又一次地搭讪女人。他在自传中写道："我可以说我活过了。"这可真是一种轻描淡写的人生总结。

　　你根本无法想象这家伙做了多少事，惹了多少麻烦，去过多少国家，诈骗了多少人。我想公道地为你总结一下他的生平，但我做不到，真的做不到。他的自传有 12 卷，一共 3700 页，这还不包括那些被他删掉的"糗事"。

　　卡萨诺瓦是一个靠机智、无畏和魅力生存的无赖。他的生活遵循一个相当一致的模式：结交有权有势的人—开始一份新工作—获得有钱人的资助—赌博和追求女人—逼疯每一个人（包括权威当局）—被扔进监狱或是被流放—搬到一个新的城市。然后，重蹈覆辙。

　　他有一种"对生命的渴望"。好吧，坦率地说，他所渴望的可不仅仅是生命而已。他从来没有表现出过多少悔意而是无情地从一个女人身边换到另一个女人身边。可以说，他是柏拉图式的"坏男孩"，是"搭讪艺术家"的守护神……

但有一个女人很特别，她鹤立鸡群。（总有这样一个女人，不是吗?）

这个女人俘获且伤害了"伟大"的卡萨诺瓦的心。我们只知道她叫"海丽特"，其真实背景扑朔迷离。她当然很美丽，但是，是她的修养让卡萨诺瓦神魂颠倒。海丽特机智、老练，很明显，她和他在一起是纡尊降贵。海丽特是如此见多识广，以至于卡萨诺瓦以为她和他一样是个骗子。在魅力和诱惑力方面，海丽特与他不相上下。至少可以这么说，卡萨诺瓦对此非常不习惯。

虽然过着历史上最激动人心的生活，但卡萨诺瓦仍然说，和海丽特在一起的日子是他最快乐的时光，和她的爱情也是他一生中最难以释怀的爱情。而且，海丽特改变了这个冷酷无情的无赖，即使时间很短。这个男人的名字已成为"诱惑"的代名词，但在这个传奇女人的魅力影响下，他成了一个拜倒在石榴裙下的普通小伙儿。他为她寝食难安，夜不能寐。他甚至担心自己可能只是她众多恋人中的一个普通恋人。像所有疯狂地陷入爱河的人一样，他将她理想化了。

和海丽特在一起软化了卡萨诺瓦的心。没错，他是一个无赖，但不是个精神变态。作为旁人，对他评头论足很容易，但他儿时过得可不容易。卡萨诺瓦的父亲在他 8 岁时就去世了，他的母亲把他留给了他的祖母抚养。最后，卡萨诺瓦被遗弃在一个寄宿家庭中长大。"他们摆脱了我。"他写道。换作是你，你也会变得冷酷无情。

卡萨诺瓦和海丽特在一起的 3 个月具备了史诗般浪漫爱情的所有条件。他们都是逃亡中的逃犯。卡萨诺瓦在逃脱威尼斯当局，而海丽特在躲避控制她的家庭。她身无分文，除了身上的衣服，一无所有。而且，她穿的还是男款的衣服和鞋子。但是卡萨诺瓦很有钱。他冲动地给她买了一衣柜的新衣服，还有一枚钻石戒指。

两人的追兵就在后面不远处。聪明的做法是低调地躲起来。但卡萨诺瓦是一个爱上了美丽女人的男人，他希望两人能玩得开心。他想向她展示世界，给她一切。因此，他俩把谨慎小心抛诸脑后，在城里纵情作乐。

在城里夜晚派对上的疏忽大意最终成了他们分开的导火索。在公爵府的一个豪华派对上，海丽特被一个亲戚发现了，两人对视了一会儿。卡萨诺瓦自责不已。这次与家人的交锋说服了海丽特必须回去。在日内瓦的豪华酒店房间里，她告诉他，他们必须分手。海丽特要求卡萨诺瓦永远不要打听她的消息，如果他们再次见面，他必须假装不认识她。然后，海丽特离开了。

卡萨诺瓦在那个酒店房间里独自度过了他一生中最悲伤的两天。当他终于起身打开窗帘时，他看到窗户的玻璃上刻着字。这些字是用他买给她的钻石戒指刻画的："Tu oublieras aussi Henriette"。

意思是："你也会忘记海丽特。"

这句话真是令人悲伤。但是，正如他在自传中所写的那样，只要看到她的东西，就是"对灵魂的一种安慰"。不久之后，他收到了她的来信。海丽特也很伤心，但她认命了。她再也不会爱上其他人，但她希望他能找到另一个"海丽特"。卡萨诺瓦拿着信在床上躺了好几天，吃不下，也睡不着。

一晃十几年过去了。卡萨诺瓦经历了很多冒险，但现在他老了，也越来越疲倦了。因债务问题他在瑞士遇到了麻烦，不得不再次逃亡。卡萨诺瓦开始拷问自己的人生。他得出的结论是，他应该成为一名僧侣，去修道院隐居，让自己的生活变得……然后他看到了一个漂亮姑娘。当僧侣的想法在他的脑子里只留存了大约一天。（他可是卡萨诺瓦，你还能有别的什么指望？）

但这就是他人生中另一个教训。他还是他，一个无赖。一切都没有改变，也不会改变。卡萨诺瓦回到了日内瓦。总会有另一个城市、另一场冒险、另一个女孩在等着他。他走进豪华酒店房间，想着也许和海丽特之间也只是一场普通的恋情，没什么特别的。当他拉开房间的窗帘时……

他意识到这是多年前的那个酒店房间。窗户的玻璃上仍有刻画的字迹："Tu oublieras aussi Henriette"。正如卡萨诺瓦在自传中所写的那样，"我觉得我的头发都竖起来了"。回忆涌上心头。

"你也会忘记海丽特。"

不，不，他不会的。是的，他还会去冒险，还会有女人，但在他的余生中，他永远不会忘记海丽特。对于勾引了那么多女人的卡萨诺瓦来说，她将是永恒的唯一。

这段浪漫爱情的疯狂让我们不知所措，无能为力。但这种东西到底是什么？它能像卡萨诺瓦的爱情那样持久吗？

*   *   *

你可能以为，当一个囚犯被关进死囚牢房时，他的临终遗言应该是关于上帝或者宽恕之类的内容。一项调查显示，在30%的情况下是这样的。但是在高达63%的情况下，也就是他们最可能提到的内容，是浪漫的爱情，而家庭排在第二。

浪漫的爱情可能是这世界上最好的东西，它的力量不言而喻，不过你不需要我来告诉你这一点，但我还是要说说。你的世界注入了魔力，你脑子里的状况就像是把厨房的杂物抽屉倾倒在了蹦床上。世界上有这么多关于浪漫的艺术形式和音乐作品是有原因的。在多萝西·滕诺夫关于迷恋的经典研究中，83%的被试都同意这样的说法："从未经历过爱情的人错过了生命中最愉悦的经历之一。"

但说实话，我们都知道这种感受是一种混合体。它总是忽上忽下，既有快乐也有痛苦。它让人狂喜，也让人心痛，让人欢欣，也让人绝望。弗兰克·塔利斯博士写道："爱情提供的似乎是班车服务，只在两个目的地之间运行，即天堂和地狱。"

这也是我们不太会讨论的爱情的另一面：爱情可能会令人感到糟糕。它就像一场巨大的多维量子灾难。"激情"一词源于拉丁语，本意是"受苦"。虽然滕诺夫的研究对象几乎一致承认爱情带来了愉悦，但其中超过50%的人也描述了它所带来的可怕的抑郁，1/4的人提到曾经有自杀的想法。爱几乎可以成为一种过分强大的力量。就像核能一样，它可以为一座城市提供能量，但也能摧毁整个城市，并留下持久的辐射。

研究员希尔·海特在 20 世纪 80 年代做了一项研究，发现 69% 的已婚妇女和 48% 的未婚妇女不再相信坠入爱河这回事儿。这种态度可能不太浪漫，但它不是没有先例。正如前面所说，古人根本不相信爱情。讽刺的是，当我们想到经典爱情故事时，我们会产生积极的情绪。想想大多数的宫廷爱情故事吧，它们都是以痛苦和死亡告终的。（你会说《罗密欧与朱丽叶》的结局很圆满吗？）

更加明确地说，古人并不只是把爱情看作坏事，他们把它看作一种疾病。在历史文献中，你可以一次又一次地看到这一点。还记得爱情可以追溯到 3500 年前的古埃及诗句吗？那些诗句把爱情描述为一种病。我们仍然钟爱简·奥斯汀的作品，比如《理智与情感》。但在她的时代，"情感"一词的意思并不是"通情达理"，而是"神经质"。一个有太多情感的人很容易出现心理健康问题。

在历史上的大部分时间里，从希波克拉底 ① 到 18 世纪初，"相思病"不是一个比喻，而是一个正儿八经的诊断。这种认识在 18 世纪有所衰退，并在 19 世纪被彻底抛弃。精神分析之父弗洛伊德对爱情的态度并没有什么不同："我们所说的'坠入爱河'难道不是一种病态、一种疯狂、一种幻觉吗？是对所爱之人的真实面貌视而不见吗？"如今，爱是一种病的看法仍然存在。当你对爱情感到沮丧时，我们会怎么说呢？

① 古希腊名医。——译者注

"你害了相思病。"我们会怎么形容一个人的浪漫主义情结呢?"不可救药"。

你情绪高涨,几乎不需要睡觉。自尊心暴涨,思维飞快。你很健谈,又心不在焉,在社交方面更加活跃。你愿意冒更大的风险,花更多的金钱,不介意出丑。这听起来像坠入爱河吗?实际上,这是美国《精神疾病诊断与统计手册》(后简称《手册》)第5版中关于狂躁症的诊断标准。是的,现代科学基本上同意,爱情是一种精神疾病。如果你持续一周以上出现上述症状,并将感受告诉精神科医生的话(但不提及你正处于恋爱之中),医生很可能会给你开一张碳酸锂药物的处方。事实上,你只需要有其中4个症状就行了。

你感到悲伤?对平时喜欢做的事情失去兴趣?没有食欲?入睡困难?疲惫不堪?无法集中注意力?是的,这就是相思病。但如果你出现这6项症状中的5项,根据《手册》第5版中的标准,你算得上是"重度抑郁"了。如果你同时拥有这两组症状呢?看起来,这很像是爱情,但它很难与双相情感障碍区分开来。精神病学家弗兰克·塔利斯说,实际上,爱情经常被心理健康专业人员误诊。

要论证爱情是一种严重的疾病远比你想象的要容易。不要忘了有多少人是因为爱而自杀或杀害他人的。但奇怪的是,我们并没有把爱情看作一种恶疾,还通常认为它不仅是良性的,而且是被广泛推崇和赞誉的。

如果我们用科学眼光严肃地看待爱情的话,它与哪种精神障碍最相似呢?强迫症。你就是无法把恋爱对象从你的脑海中赶走。你很痴迷，无法把注意力放到自己需要做的事情上。人类学家海伦·费希尔的研究发现，刚恋爱的人每天有 85% 的时间都在想对他（她）很特别的人。爱情不仅符合《手册》第 5 版对于强迫症的诊断标准，连神经科学方面的数据也可以提供佐证。在用磁共振成像来观察恋爱中的大脑和患有强迫症的大脑时，人们很难发现有什么区别。前扣带回皮质、尾状核、壳核和脑岛都在超负荷工作。精神病学家多纳泰拉·马拉齐蒂从正处于恋爱中的人和强迫症患者身上抽血，发现两者的血清素水平都比对照组低 40%。几个月后，在恋爱中的疯狂情绪平息下来时，再次测试恋爱中的人，你猜会发生什么？他们的血清素水平恢复了正常。（是的，就是这样，目前科学家没有什么可说的了。）

但是，为什么进化要让我们会由于某人而患上强迫症？关于爱情的症状和行为，最佳的理解框架是什么？强迫症的比喻已经非常接近，但纵观所有的数据，可能最好的比喻是"成瘾"。处于爱情之中的我们可不是把洗手当作一种仪式洗到都流了血，而是在追求我们渴望的东西。你是否说过"我对你欲罢不能"或者"我不能没有你"？是的，恋爱中的人在情绪高涨时非常满足，在处于情绪低谷时又非常低落。一条短信就能治愈你，让你开心一阵子，但很快，"上瘾"的你希望收到更多的短信或者表情包。

研究表明，由苯乙胺、多巴胺、去甲肾上腺素和催产素组成的爱情鸡尾酒会在你被爱情浸泡的大脑中涌动，它提供的兴奋感与苯丙胺药物的效果类似。磁共振成像数据也支持这样一个成瘾的范式。对恋爱中的大脑进行磁共振成像扫描，并将扫描结果与注射可卡因或阿片类药物的人的大脑扫描结果并列，你会看到相同的模式。

我们又一次来到了这里。是的，爱情被大多数人当作生命中最美妙的东西，而我却说："不，它让我们沉浸其中，我们只是一群有着精神疾病的'上瘾者'而已。"你可能想对我说："巴克，几十年来我很幸运，对你说的这些事实一无所知，而现在，我也无意结束这种状态。"我不怪你，我懂的。在本书读者集体精神崩溃之前，让我给出一个你急需的好消息。

所有的疯狂都是有原因的。首先（但不一定是最重要的），进化希望我们多多造人，这是我们的基因所决定的排在第一位的优先事项。我们在很多事情上拖拖拉拉，但进化才不会理睬这些。繁衍就是头号任务。它按下逻辑超控电门，说："让我来掌舵，这件事儿很重要。"正如著名剧作家萨默塞特·毛姆所说："爱情不过是一种肮脏的诡计，它欺骗我们去完成传宗接代的任务。"

很显然，进化心理学家并不以浪漫著称。但是，爱情实现了进化目标并不意味着它不能同时实现我们的目标。正如我们从友谊中所看到的，我们的大脑通过与达尔文主义的自私性合作，不仅会寻求物质利益，还会寻求快乐和满足。我们自欺欺人地认为，朋友是我们的一部分，而爱情的疯狂让生命更有价值。事实上，我们的头脑中充斥着积极的偏见，以应对世界中无处不在的困难。你知道心理学家将这些乐观的妄想叫什么吗？"健康"。研究表明，缺乏这些偏见的人肯定更善于准确地看待世界。你知道心理学家怎么描述这些人吗？"抑郁"。

在短期内不信任他人似乎是明智的防卫之举。比起多做一点，少做一点往往是谨慎之策。我们是懒惰的,并不总做对自身有利的事情。但是,就像繁衍是进化的头号任务一样,对我们个体来说,与他人联结也是头号任务。因此,大自然迫使我们变得有点疯,变成上瘾者。这种动力驱动着我们比正常程度要追求得更多、做得更多,就像饥饿感确保我们不会因为缺乏食物而饿死一样,对爱的渴望让我们在这个残酷的世界中不会面对情感枯竭。我们需要这份疯狂来促使我们的生活变得更好。

有人会反驳说:"是的,我们需要动力,但为什么我们需要发疯?这可帮不上什么忙。"其实它是有帮助的。科学表明,为爱发疯很有必要。我们说过爱情可以让你非常痛苦和害怕,但天哪,别顾影自怜了。你可不是唯一害怕的人。你喜欢上的那个人呢?他们也会受到伤害。如果你是卡萨诺瓦,但他们不是海丽特呢?你觉得他们想让自己伤心吗?所以,这是一个信任问题,一个沟通问题。换句话说,这是一个信号问题。还记得我们在友谊那部分讨论过这个问题吗?

那么,解决方案是什么?"昂贵的信号"。你猜怎么着?像一个痴心妄想的"上瘾者"一样到处跑,无休止地表白你的爱,像疯子一样忽视工作、忘记支付账单,还每天给对方发 300 条短信,把谨慎行事抛到九霄云外——这就是一个相当明确且代价高昂的信号。被追求的人会经常说什么?"让我看看你是如何为我疯狂的。"这就对了。浪漫的爱情不仅凌驾于理性之上,它还发出凌驾于理性之上的信号。

正如唐纳德·耶茨所说:"对爱保持理智的人没有爱的能力。"非理性的忠诚才是最重要的。如果在进行成本收益分析后发现一个人不再忠诚，那就不是忠诚，而是自私。忠诚意味着愿意为他人多付出。在爱情中表现得疯狂是在向对方发出信号，表明你不再出于自私行事。事实上，你也无法出于自私行事了，因为你都为他（她）疯狂了。

我们常把疯狂作为一个指标，来衡量爱得有多深。我们不希望浪漫的爱情是理性的，并会对其中的理性起疑心。我们知道实用和理性是不浪漫的，虽然不切实际和铺张浪费不怎么理性，却让人心动。为某人支付房租并不浪漫，但没有什么长期价值的会枯萎的玫瑰花是浪漫的。钻石是贵到可笑的石头，也没有什么转售价值，但是它代表着浪漫。为什么要花那么多钱去买没什么实际用途和长期价值的花或石头呢？因为这表明你疯了。讽刺的是，爱情的非理性是极其理性的。

这可不仅仅是理论。如果你所处的文化允许你轻易抛弃一个人并找人取而代之，你觉得爱情的疯狂程度（及其信号强度）是会提高还是下降？很明显，它会提高。人们会更加不信任对方，大脑中的丘比特部分会意识到需要提高疯狂程度来发出昂贵的信号。这就是一项名为"激情、关系流动性和承诺证明"的研究发现的。在那些约会成风的文化中，激情信号更加强烈，疯狂是至关重要的。

而这并不是为爱疯狂的唯一好处。为什么我们在爱情中会有如此疯狂的嫉妒心？因为，同样，这种疯狂（在合理范围内）是一件好事。研究表明，嫉妒是为了保护关系。西伊利诺伊大学的尤金·马西斯在情侣中做了一个嫉妒测试，并在 7 年后进行回访。回访发现 3/4 的情侣已经分手，而另外 1/4 的情侣结婚了。猜猜哪一组情侣的嫉妒得分更高？你猜对了，是后一组。在爱情中，我们的嫉妒心到达了疯狂的程度，即使我们并不想这样。关系中的嫉妒情绪可以促使伴侣维持关系。

此外，爱情还有其最重要、最关键和最美妙的疯狂形式——理想化。我们都知道，恋爱中的人会将他们的伴侣理想化。这是最被人们公认的爱情标志之一。1999 年的一项研究表明，处于幸福关系中的人谈论伴侣的良好品质的时间是谈论其坏品质的 5 倍。正如罗伯特·塞登贝格所说："爱是人类的一种宗教，在这种宗教中，一方被另一方所信仰。"

你听过你的朋友对他的新伴侣进行的理想化描述吧，它们听起来完全不切实际。但你猜怎么着？你可能也会跟着一起疯了。这种理想化不仅很甜蜜，而且能比水晶球更好地预测这段关系的未来。"当前的分析结果显示，关系中的错觉预示着约会和婚姻关系中更高的满意度、更浓的爱意、更强的信任感以及更少的冲突和矛盾。"现实中的行为可能也能预测准确，但正是错觉预示着我们在爱情中是否幸福。而且，错觉错得越疯狂越好。研究表明，那些在恋爱初期就将伴侣理想化的人，在婚姻的头 3 年中对双方关系的满意度没有下降。

这听起来好像是我在建议大家与现实脱节，但事实上并非如此。我们可以既看到现实，同时抱有偏见。当研究人员向处于热恋中的人询问伴侣的缺点时，他们可以认识到并识别那些缺点。他们并不是真的疯疯癫癫，但在情感上，他们会对负面内容大打折扣："这没什么大不了。"甚至那些缺点也是"迷人的"。这种态度有助于"润滑"关系。当我们痴情的大脑调低了我们对爱人缺点的反应时，我们变得更加包容。

疯狂的理想化的好处并不仅限于此，它甚至可以在神经科学层面防止背叛。如果给恋爱中的男女看有魅力的人的照片，他们会承认这些人很有魅力。过几天，你给他们看同样的照片，并告诉他们这个有魅力的人对他们感兴趣。你猜他们会怎么说？他们说这个人很有魅力的可能性降低了。这种结果一次又一次地出现，它被称为"贬低替代品"。当人们陷入爱河时，他们的大脑会降低可能威胁这段关系的其他人的吸引力。因此，当伴侣的魅力前任出现时，理想化会给你支持，并确保那些可爱的前任在你的伴侣眼中不再那么可爱。

还记得那些患有 HSAM 的人吗？他们对个人事件拥有完美记忆，这一点是如何破坏他们的浪漫关系的呢？一项研究证实，那些对过往有着积极的记忆偏差的情侣比那些回忆更准确的情侣更有可能在一起。当涉及幸福时，事实与我们告诉自己的故事相比，并没有那么重要。我们需要疯狂。爱是盲目的，也应该是盲目的。

不用说，当理想化消逝时，坏事就会发生。在你即将走进婚姻殿堂时，你最好还是疯狂的。三思过后才说"我愿意"的女性在 4 年内离婚的可能性是其他女性的 2.5 倍。对于男性来说，其可能性提升了50% 以上。

简单明了地说，理想化似乎是维系爱情的"魔法"核心。2010 年的一项研究发现，"积极的错觉"是预示我们对某人保持心动的最佳因素。但它能"征服一切"吗？能持续吗？可以。我的意思不是指人们在受访时做出的回答："哦，是的，我们确实深爱彼此。"人们都会下意识地这么说。在 2012 年，社会神经科学家比安卡·阿塞韦多对平均结婚超过 20 年的夫妇进行了磁共振成像大脑扫描。当她给被试看其配偶的照片时,他们中的一些人显示出与最近刚坠入爱河的人相同的大脑激活模式。这意味着积极的错觉效果不仅能够持续,而且可以变得更好。这些夫妇不仅表现出彼此相爱的神经学特征,还没有刚坠入爱河时的焦虑。也就是说,在好的疯狂中是可以没有坏的疯狂的。所以,是的,它可以持续……

但这只是少数情况,那些夫妇是例外。大多数情况下,浪漫的爱情在 12 ~ 18 个月后就会有所褪色。在磁共振成像研究、血清素血液测试和调查数据中都能观察到这一点。从逻辑上来讲,这是可以理解的。一个人不可能永远像痴情疯子那样到处跑,因为你的脑袋会爆炸,你的世界会被烧毁。正如爱尔兰剧作家萧伯纳所说:"当两个人受到最猛烈、最疯狂、最虚幻、最短暂的激情的影响时,他们需要发誓以保证他们将持续这种兴奋、不正常和令人筋疲力尽的状态,直到死亡将他们分开。"对每个人来说,让高潮永远持续下去很不现实。

与物理宇宙一样,爱情也会受到熵[①]的影响。能量消逝,狂热退回到平均值。但浪漫故事不会谈到这一点,这是喜剧演员说的内容。一方面,知道这一点很好,这意味着你不一定做错了什么,因为情感的消退是正常的。但它仍然令人苦恼。一项针对近 1100 名处于长期伴侣关系中的人的研究调查了对关系最大的威胁是什么,那就是"渐渐消失的激情"。

---

① 在物理学中,熵(entropy)指的是一个事物无序或者混乱的程度。它被社会科学用以借喻人类社会某些状态的程度。——编者注

在结婚的头 4 年中，夫妻的满意度平均下降了 15% 到 20%（想象一下如果下降的是你的工资会怎么样）。那么大多数人在结婚两年后的个人幸福感如何呢？密歇根州立大学的理查德·卢卡斯发现，他们的幸福感与结婚前差不多。幸福感会退回到平均值，再退回到熵。你可能听说过一些研究报告，它们显示，同居过的情侣在结婚后更有可能离婚。研究认为原因之一是他们在结婚之前就度过了疯狂的爱情期。等到他们结了婚，熵已经开始了。

这种衰退并不一定意味着彻底的厄运。大多数夫妇从浪漫激情的疯狂转变为所谓的"伴侣之爱"，那是一种没有烟花爆竹，但让人更为放松、时间更为持久的舒适感。但理想化也会逐渐消失。2001 年的一项研究发现，随着情侣从订婚过渡到结婚，"理想化的偏见"被削减了一半。在这一过程中，爱的宿敌——现实崛起了。

社会学家黛安娜·费尔姆利在"致命的吸引力"方面所做的研究最能证明这一点。那些最初吸引我们的伴侣特质后来往往在我们的头脑中转变成了负面的东西。放松变为懒惰，坚强变为顽固，关心变为黏人。近一半的受访夫妇经历过这种情况。毫不奇怪的是，其他研究显示，随着理想化程度的下降，已结婚 4 年的夫妇对于自私的抱怨增加了 1 倍以上。

是的，在婚姻中维系浪漫的爱情很难。事实上，比这更难的是对幸存者偏差的研究。以上所有研究都是针对已婚夫妇的，只研究了那些婚姻关系仍然存续的人，而不是那些已经甩手离开的人。

令人难过的是，浪漫的爱情并不像被爱妄想症——其病态变体那样持久。被爱妄想症是最极端的爱的形式,也是一种公认的精神疾病。患有被爱妄想症的人可能会跟踪他人,但他们很少伤害别人或造成太大的麻烦。大多数患者是女性,她们认为一个知名男士疯狂地爱上了她们(尽管事实上他从未见过她,也不知道她是谁)。这在《手册》第 5 版中被归类为妄想症。

被爱妄想症显然比寻常的爱情更具有妄想性,但也没到像看见了外星人和小精灵那样的妄想程度。讽刺的是,被爱妄想症展示了我们在伴侣身上想要看到的所有品质。它应该被称为"浪漫喜剧症",其患者永远不会放弃,永远不会停止相信,并觉得爱能征服一切。他们是终极的浪漫主义者,其病情通常是长期的,治疗效果很差。令人感到悲哀的是,最持久、最能维系的浪漫爱情的形式是那些真的得了精神障碍的人的恋爱形式。不过值得注意的是,只有在被追求者不愿意说"我愿意"的情况下才是被爱妄想症。如果被追求者说"我愿意",那么你就是最浪漫的人了。

我们可不想患上被爱妄想症。如果我们必须患一种真正的精神障碍,那就选择"二联性精神病"(严格来说,在《手册》第 5 版中是指共有型精神障碍),这是指两个人一起发疯。这种病症可以发生于任何关系中,但最常发生在婚姻中。你必须与对方建立起亲密的联系才有可能受到影响,而将两人分开是治疗它的一个重要部分。这种病症经常不会被诊断出来。为什么?因为他们很少寻求帮助。是的,他们会一起相信一些疯狂的事情,但这些妄想通常是良性的。

温和版本的"二联性精神病"应该是我们的目标:一种独特的二

人文化，其具有疯狂但无害的信念和仪式。二人处于一个看起来愚蠢但令人满足的世界中，他们认为彼此的结合是理想化的，是特殊和有意义的。除了他俩以外，这样的世界对其他人来说没有什么意义，也不需要对别人有意义。在我的生命中最浪漫的亲密关系就是这样的，我猜你也有同样的经历。

那么，我们要如何获得接近于"二联性精神病"的关系呢？我们如何与熵作斗争，并维系对伴侣的理想化呢？大多数的爱情故事都没有什么帮助。婚姻的艰难是从爱情故事结束之后才开始的。而且，正如我们所看到的，童话故事会把我们带入歧途。你需要积极主动地来对抗熵，而以为整个过程应该是容易、神奇和被动的将会带来大问题。

浪漫的爱情给人带来的悸动是一种瘾，但从某些方面来说，这让事情变得容易了，因为这真的不在你的掌控之中。但是，婚后的爱情是一种选择，它需要不懈的努力和长期的投入。爱是一个动词。如果你想看起来漂亮、健康，你必须有意识地在饮食和运动上下功夫。爱也不例外。

那么，我们需要做什么？我们会发现，熵并不是我们面临的最大威胁，一个更危险的敌人在地平线上隐现。如果我们有正确的工具就可以战胜它。但是，我们得到了太多关于爱情的糟糕建议。答案到底是关乎逻辑与理性，还是关乎情感与感受？

事实上，对于这一旷日持久的辩论，最好的解释竟然是埃德加·爱伦·坡的作品……

第 13 章
婚姻的"末日四骑士"

生活到底是关乎逻辑还是关乎激情？关于这个问题的讨论在 17 世纪和 19 世纪之间达到了高潮。18 世纪我们经历了启蒙时代——一个关乎理性、理智且出现了"我思故我在"和牛顿定律的时代。但后来，这些都让位于 19 世纪的浪漫主义。这里的"浪漫"并不完全是指爱心和情人节之类的"浪漫"，而是指认为感情、灵感和无意识更为重要的观念。启蒙时代关乎规则，而浪漫主义时代则关乎情感，痛恨规则。

没有什么比埃德加·爱伦·坡更能体现浪漫主义了。爱伦·坡的生平就像是有人列出了一张黑色浪漫比喻的清单，然后把所有的框框都勾选上了一样。有着忧郁的童年？是的。父亲在他两岁时就抛弃了家庭，母亲在他 3 岁时死于肺结核。是一位饥饿的艺术家？是的。爱伦·坡是第一位仅以写作为生的美国作家，这在当时是个糟糕的选择（让我告诉你，在这之后也是如此）。是一个陷入困境、被误解的天才？是的。他笔下的角色都是神经质、妄想狂、带有悲伤情感和复仇情结的。这些角色也是自传性的。有着以神秘死亡为结局的充满悲剧的一生？是的。他的妻子跟他母亲一样死于肺结核。人们后来发现他在街上游荡，神志不清，最后死因不明。所有记录，包括他的死亡证明都不见踪影。

但他的作品产生了惊人的影响力。从玛丽·谢利到艾尔弗雷德·希区柯克，再到斯蒂芬·金，大量作家都说是爱伦·坡影响了他们。爱伦·坡的作品比黑色眼线更"哥特"①。作为一个恐怖大师，他的小说和诗歌涉及复仇、活埋，和其他一些在家庭餐桌上绝不允许充分讨论的内容。我们在高中时都读过他的作品。没有什么比他的代表作《乌鸦》更能体现浪漫主义时代的特点了。

这部作品在1845年出版后，迅疾获得了好评（尽管爱伦·坡只得到了9美元的稿费）。据说，亚伯拉罕·林肯背下了这首诗。巴尔的摩乌鸦足球队就是以它命名的。《辛普森一家》在关于万圣节的那集中也拿它打过趣。《乌鸦》在许多方面体现了浪漫主义时代的价值观。它讨论爱、失去、死亡和疯癫，是一部惊心动魄的作品，一场情感丰沛的旅程。这首诗用风格化、音乐化的语言编织了一张阴冷感性的神秘之网，参考了玄学、《圣经》，甚至是古希腊和古罗马的经典作品。它很可能是在一种受到启发的狂热下，或者药品所导致的朦胧意识下写成的。

那么，赢家出现了。燃烧的激情战胜了冷酷而麻木的逻辑，对吗？

嗯……并非如此。1846年，爱伦·坡发表了一篇文章，名为"写作的哲学"。其中，他描述了写出《乌鸦》一诗的过程，而这与人们本来期待的完全相反。"我的目的是要表明，在它的构成中，没有任何一处是源于意外或直觉。这部作品是一步一步写出来的，直到以数学般

---

① 哥特是英语 Goth 的音译，此处意为爱伦·坡的作品属于哥特式文学风格，故事神秘、气氛恐怖。——编者注

的精确和严格完成创作。"

他解释这首诗的写作过程就像宜家家具组装图一样机械化且简洁朴素。每一个词、每一个标点符号都是经过深思熟虑而做出的合理选择，都是为了系统地服务于一个目标：在读者心中达到某种效果。这跟妙不可言的灵感相差十万八千里，这是用逻辑解决问题的过程。爱伦·坡对这首诗的韵律的解释听起来就像是在描述一个数学方程式："前者是扬抑格，后者是八音步完整格律，与第 5 节迭句中重复的七音步不完全格律交替出现，最后以四音节不完全格律结束。"

是不是听起来很疯狂？别忘了，爱伦·坡是个评论家。他以分析和解剖故事为生。基本上来讲，他还发明了侦探小说，这是一种理性主义流派的小说，如果存在这种流派的话。阿瑟·柯南·道尔爵士认为爱伦·坡的作品启发了他创造夏洛克·福尔摩斯这个毫不情绪化的角色。

所以，看到了吗？浪漫主义之下往往隐藏着启蒙式的逻辑。冲动的情感必须让位于理性。

呃……也可能不是这样的。爱伦·坡说，像组装一块精致的瑞士手表一样，他用逻辑把《乌鸦》一诗拼接起来。但有些人——包括 T.S. 艾略特——质疑他说的是否真实。许多人，包括现今的一些文学专家，都认为《写作的哲学》是以反讽的方式写的。

这一说法并不全是夸张。爱伦·坡曾是一个相当淘气的恶作剧者。他发表的第一篇小说是一个讽刺故事，而且他非常喜欢用假名来捉弄人。他这样做不仅是为了躲避债权人，也是为了控诉别人剽窃他的作品。他控诉了谁呢？他自己。一位名叫"Outis"的作家指出，《乌鸦》显然是从另一首诗《梦中的鸟》中汲取了灵感。许多人认为 Outis 实际上就是爱伦·坡自己。知道 Outis 在希腊语中是什么意思吗？"无名小卒"。（爱伦·坡的钓鱼水平真是专家级别。）

在关系中，我们都在是激情还是逻辑的问题中挣扎，特别是在沟通方面。当激情消退时，我们是专注于重燃爱火，还是建立一个能维系忙碌的家庭和生活的责任系统？在科学性技能和内心感受之间找到平衡可不容易做到。

那么在爱伦·坡的故事中，哪一个才是真正的答案？是充满激情的灵感，还是严谨的逻辑和具有实用性的系统？遗憾的是，我们永远不会知道答案。但我们了解在系统化的启蒙时代和充满激情的浪漫主义时代之后到来的那个时代。那个时代叫什么呢？

"现实主义"。

*   *   *

婚姻咨询是德国在 20 世纪 30 年代掀起的优生学运动的倡议之一。如果能让你感觉好受一点的话，我想说婚姻咨询并不奏效。只有11% ~ 18% 的夫妻关系在寻救帮助后得到了明显的改善。在接受治疗的两年后，在寻求帮助的婚姻中有 1/4 的婚姻比以往更不稳定。4 年后，有 38% 的婚姻走向破裂。

为什么没有效果呢？因为大多数夫妻在耽搁了太久后才开始咨询。

从婚姻出现第一道裂痕到真的去寻求帮助之间，拖延时间平均有 6 年之久。但即使如此，婚姻咨询应该能够提供一些帮助，对吗？不，因为一对夫妻面临的最大敌人是"消极诠释"。

随着时间的推移，熵会使婚姻的幸福感下降，但并不是每一段婚姻的幸福感都是线性下降的。通常情况下它会有阶段性的变化，就如同水变凉了，然后更凉了，最后它结成了冰。但水与婚姻完全不同。在婚姻中，这种现象有个术语："消极诠释"（NSO）[①]。"消极诠释"是爱的结肠中的一块息肉。

你对婚姻不再"有点不开心"了。相反，你对婚姻就像亨利八世后来的妻子对她们的婚姻一样兴奋。你怀疑你的伴侣是披着人皮的狼，你积攒怨气就像囤积者保存纪念品一样。你的伴侣是你所有问题的源头，是被一种邪恶力量派到这里破坏你的生活的。

理想化并没有消退——它翻转了。如果说爱是积极的错觉，那么"消极诠释"就是彻底的幻灭。你对伴侣抱有消极的偏见，而非积极的偏见。事实不一定改变了，而是你对事实的诠释改变了。你不再把问题归因于环境，而是归因于对方的不良人格特质。你今天忘了倒垃圾，但我不会认为是因为你今天很忙，我的第一反应是因为你是一个可怕的人，一心想要慢慢地把我逼疯。

著名的心理学家艾伯特·埃利斯将这种现象称为"魔鬼化"。这是一种翻转——你曾经认为对方的意图是好的，只是偶尔会犯错，但现

[①]　NSO 的英文为 negative sentiment override，是指在人际交往过程中，人们倾向于把中性甚至是积极的事情解读出消极的含义，这导致人际互动进入一个恶性循环。——编者注

在你认为对方在最黑暗的地狱中已铸造成形，只是偶尔会做一些好事。默认状态翻转了，我们的老伙计，验证性偏倚开始发挥作用了，你成了挑剔伴侣的松露猪①，正在一个已经下降的螺旋中加速下滑。鲁宾逊和普赖斯的一项研究表明，对于婚姻中的积极因素，不幸福的夫妻会忽略 50%。你的伴侣做了一些好事，想从不幸福的坑里跳出来，但有 50% 的时间里你没有看到。

这导致了更多的吼叫，让婚姻彻底结束，对吗？可能不会。因为不断升级的吼叫比赛只在 40% 的情况下导致了离婚。更多时候，婚姻是在抽泣中结束，而不是在巨响中收场。你大声吼叫是因为你在意。而一旦出现了"消极诠释"，你就不会在意对方了。夫妻二人开始不再与恶魔谈判，而是过上了平行的生活。这就是离婚前通常会发生的情形。

这个旋涡是如何开始的呢？它是从一个秘密开始的。你对某些事情有意见，但你不说出来。也许你觉得你知道伴侣会如何反应，这是你的假设。但正如我们在第一部分中所讨论的，我们并不擅长读心术，即使是在面对伴侣时。萧伯纳曾说："沟通中最大的问题是出现了'已经沟通了'的幻觉。"随着时间的推移，你说的话越来越少，假设却越来越多，比如，"他很安静，他肯定在生气"或者"她不给我做饭，她肯定不爱我了"。没有说出口的假设开始成倍增加，直到你不是在和伴侣对话，而是在和自己对话，因为你"知道"他们会说什么。有时我们不要求对方澄清什么或者说些什么，因为"他／她本应知道我这么

---

① 用于在森林中寻找松露的家养猪。这种猪具有特殊的嗅觉，能够找到地下 3 英尺深的松露。——译者注

想"。但在地球上,人们听不到你没有说出口的话。情感垃圾越堆越多,你会开始收获婚姻厄运的复利。而你的婚姻就像鸟儿飞向玻璃推拉门一样飞向未来。

"你必须沟通。"这是陈词滥调,但这是真的。沟通是如此重要,以至于研究发现,羞怯与较低的婚姻满意度相关。双职工夫妻每周花在对话上的时间平均不到两个小时。所以,你必须开口交谈。

是的,这意味着你们会有更多的争吵。但你猜怎么着?吵架不会结束婚姻,但避免冲突会让婚姻终结。一项对新婚夫妻的研究表明,在婚姻早期,很少吵架的夫妻对他们的婚姻更满意。但在 3 年后,这些夫妻更有可能离婚或正在走向离婚。1994 年的一篇论文显示,35 年后,只有那些激情四射、争吵不休的夫妻才会有幸福的婚姻。真是奇怪,较低的负面门槛对婚姻是有好处的,因为如果有什么事情困扰着你,你更有可能把它说出来,然后它就更有可能得到解决。关系研究者约翰·戈特曼说:"不争论、不能争论或者不愿争论都是重大的危险信号。如果你处于一个很'投入'的关系之中,还从来没有与对方大吵一架,请尽快这样做。"你得开口交谈!

有 69% 的持续性问题永远不会得到解决。我这么说不是为了让你沮丧。面对问题时,重点不在于你们正在谈论什么,而在于你们的谈论方式。每个人都以为解决问题的关键在于问题是否清晰,但研究表明,实际上,大多数夫妻(如果他们确实交谈的话)非常清楚问题到底是什么。但这与解决问题无关,因为在 2/3 以上的情况中,问题都不会得到解决。你出于某种情感不去解决问题,这种情感才是问题所在。

我们要清楚，问题的解决关乎管控冲突，而不是解决冲突。战争是不可避免的，但你必须遵守《日内瓦公约》中的条文——禁止使用化学武器，禁止折磨囚犯。马娅·安杰卢曾经说过："我了解到，人们会忘记你曾说过什么，也会忘记你曾做过什么，但人们永远不会忘记你给他们带来过什么样的感受。"她是对的。在对夫妻最近产生的分歧进行调查时，你会发现 25% 的情况下他们甚至不记得争论的内容，但他们记得自己的感受，而这正是影响你婚姻的因素。当你问离异者，他们会对以前的婚姻做出什么改变时，头号答案是"沟通方式"。

因此，根据关系研究者约翰·戈特曼的研究，我们要上一个婚姻沟通技巧的速成课程。他的研究能够准确预测哪些夫妻会在 3 年后离婚，准确率为 94%，这个数字无人能及。这个家伙的脸应该被刻在婚姻的拉什莫尔山 ① 上。戈特曼知道我们需要启蒙时代的逻辑来诊断问题，但浪漫主义时代的感情才是最终目标。

戈特曼意识到，预测离婚并不是看婚姻中有多少消极因素，而是要看消极因素的类型。我们称之为"托尔斯泰效应"。托尔斯泰在《安娜·卡列尼娜》中写道："幸福的家庭都是相似的，但不幸的家庭各有各的不幸。"幸运的是，他大错特错。对于婚姻来说，情况恰恰相反。幸福的夫妻创造出独特的二人文化，就像"二联性精神病"一样，但不幸的夫妻都会犯 4 个同样的错误。而如果我们了解这些错误，我们就可以避免它们。

---

① 又称美国总统山，上面雕刻着华盛顿、杰斐逊、老罗斯福和林肯 4 位美国前总统的头像。
                                                                    ——译者注

戈特曼把这些错误称为婚姻中的"末日四骑士",人们可以预测83.3% 的离婚率。

1. 批评

事实上,抱怨对婚姻是有利的,因为它可以防止那些"秘密"发酵、滋生假设并导致"消极诠释"。而批评才是致命的问题。"你没有把垃圾倒掉",这是抱怨;"你没有去倒垃圾,因为你是一个糟糕的人",这是批评。前者是关于事件,后者则是关乎人格。我们可以处理事件,但攻击某人的人格往往不会让事情变得顺利。而且,抱怨的语句一般以"我"为开头,批评的语句一般以"你"为开头。如果一个句子以"你总是"开头,且不以"让我如此高兴"结束,那么它很可能是一句批评,可以想见你的伴侣肯定会跳起来反击。

所以,要把批评变成抱怨,处理事件,而不是处理人。或者更好的办法是,把抱怨看作需要努力达成的"目标"或者需要解决的问题。女性比男性更容易批评别人,但不要着急,我们很快就会说到通常由男性造成的问题……

2. 冷战

让我们看看男性会在争论中做的事情,它可以有力地预测离婚。冷战是指面对伴侣提出的问题,你会关上心扉或者不加理会。是的,生活中有很多时刻,你只是不想错过一个把嘴闭上的好机会,但冷战传达的信息是"你或你关注的问题对我来说没有重要到需要去处理的程度"。这种做法不会减少冲突，相反，在大多数情况下，它会加剧冲突。戈特曼发现，对于许多男人来说，这个问题实际上是与生理层面相关的。当男性的肾上腺素水平飙升时，他们不会像女性那样迅速恢复到基线。解决办法是好好休息一下。如果争论过于激烈，你可以要求对方 20 分钟之后再回来讨论，那时"战斗还是逃跑"的激素水平已经回落。

3. 辩护

辩护是指传达"问题不在我，而在你"的信息。它当然会使冲突升级，因为你是在火上浇油。否认责任，寻找借口，不停重复，或使用可怕的"没错，但是……"句式都是辩护的例子。不要反击或躲避，而是倾听对方，承认伴侣看到的问题（无论这些问题在你看来有多么荒谬），并在轮到你发言前耐心等待，以避免事态升级。

我们还有第 4 号骑士，它自成一类……

4. 鄙视

戈特曼发现，鄙视是预测离婚的最重要因素。鄙视是指任何将伴侣置于比你更低的位置的行为。辱骂、嘲讽或任何传达厌恶的行为都包含在内。（是的，翻白眼是婚姻中最糟糕的事情之一，这是有数据支持的。）在幸福的婚姻中，几乎从来不会出现鄙视。戈特曼把它称为"爱情的硫酸"。简单地说，它是通往"消极诠释"的康庄大道。请不要这样做。

　　实事求是地说，你不可能记住这一章的所有内容。所以，如果其他内容你全忘了，也请记住这一点：如何开始一场争论是超级重要的。在 96% 的情况下，戈特曼可以通过前 3 分钟的情况预测出争论的结果。预测方法简单明了：如果争论开始时情况很恶劣，那么争论结束时也会很恶劣。而恶劣的开始不仅能预测争论的结果，还能预测离婚。如果你知道自己正在向伴侣提出一个可能导致争吵的问题，请先深呼吸，然后抱怨，而非批评，用中性语言描述问题，以积极的方式开始争论。可能对方是错的，而你是对的，但你不需要以攻击的方式开始，让问题变得更加难以解决。

　　我知道，记住这些很难，但在吼叫和混乱中，要想做得正确就更难了。但没有关系，即使在幸福的婚姻中，前 3 位骑士也是存在的。没有人是完美的。还记得我说过"末日骑士"预测离婚的准确率是 83.3% 吗？ 83.3% 并不是 100%。之所以不是 100%，是因为戈特曼说过婚姻可以"修复"——在争论中安抚和支持对方，发出笑声或表达爱意。一句玩笑、一个赞美、捏一捏手，这些都可以避免冲突升级。即使婚姻中有很多"末日骑士"，如果做了修复，婚姻也可以幸福稳定。而"消极诠释"如此致命的原因之一是，它使你无法看到伴侣做出的修复尝试。这意味着"冲突之车"没有安装刹车装置。

　　有什么大一统的观点可以概括所有内容，方便我们记住呢？戈特曼强调了友谊在婚姻中的重要性，这千真万确。但我认为，可以牢记一个更为有用的观点。这个观点是作家阿兰·德波顿提出的：像对待孩子一样对待伴侣。这不是说像对待孩子那样居高临下，而是说很多问题的产生是由于我们期望伴侣永远是一个有能力、情绪稳定的成年人。但实际上他们不是。我不是，你也不是。正如幽默大师金·哈伯德所说："男孩终究是男孩，很多中年男人也是男孩。"就像你面对一个不高兴的孩子那样，表现出慷慨和同情，这是一个化解许多问题的简单方法。我们不太会认为孩子是出于故意，相反，我们会认为他们一定是累了、饿了或者难过了。坦率地说，对其他人也抱有这样的态度是件很好的事情。

你也不要期望某人永远是理性的。约克大学的哲学教授汤姆·斯托纳姆在教授逻辑学时总是说："不要在家里使用逻辑，否则你会落得郁郁寡欢的单身结局。"当一个 5 岁的孩子开始大叫、发脾气的时候，你不会立即回骂他们是个猪头。对于孩子，我们通常把他们的情绪看作所传递的信息，这是很好的做法。我们会悬置评判，倾听并直面真正的问题。面对孩子，我们更富有同情心。正是这种积极情绪的注入使一切变得不同。成年人的生活处处不易，当有人把我们从这个巨大的责任中解脱出来，意识到在内心深处我们仍然是个喜怒无常的孩子时，奇迹就会产生。这可不是猜测。2001 年的一项研究表明，在争吵中对伴侣怀有同情心的人，其争吵次数减少了 34%，持续争吵的时间也减少了 59%。

真棒。这样就可以了，是吗？非也。

减少消极因素和争吵是不够的，这可能会使你的婚姻平安无事，但不会使婚姻有多美妙。目前，我与这个星球上的每个陌生人都有着"不坏"的关系，但这不是爱。没错，减少像"末日四骑士"这样真正致命的消极因素是必要的，但并不充分。研究表明，虽然消极因素会造成伤害，但正是积极因素的缺失会让婚姻加速走向坟墓。

更具体地说，戈特曼意识到最关键的是积极因素与消极因素的比例应该是 5∶1。这就是为什么消极因素的原始数量并不重要。只要你有足够的美妙时光来抵消它，一段关系就能茁壮成长。在即将离婚的夫妻中，积极因素与消极因素的比例通常是 0.8∶1。不过，太少的消极因素也不是件好事儿。如果积极因素与消极因素之比是 13∶1，那么可能是因为夫妻之间沟通得不够。夫妻双方得交谈，得吵架，这是一种平衡。（有趣的是，这适用于所有的关系。友谊需要的积极因素与消极因素的比例是 8∶1。而对于与丈母娘或婆婆的关系，这一比例应该是 1000∶1。）

所以，我们知道下一个目标是什么了：增加积极因素。是时候把乐趣注入到当下的关系里了。我们需要的是芬克尔所说的"不成功便成仁"的婚姻中的"成功"版本。

但我们需要的不仅仅是让积极因素逐步增加，而是需要像"消极诠释"一样的阶段性变化，只不过是朝着相反的方向。我们希望回归美妙的关系，回归理想化状态。我们希望验证性偏倚重新站到我们这一边，让我们戴上一副全新的玫瑰色眼镜。

事实上，这让我处于一个有趣的位置。作为一个讲究科学的人，我总是说我们需要看看事实和数据，并保持理性。在本书的引言中，我发过血誓，要用奥卡姆电锯①摧毁那些不科学的迷思。这特别符合

---

① 这里意为对作者来说，提供化繁为简、抓住问题本质的奥卡姆剃刀定理中的"剃刀"已经不够用了，他需要一把电锯。——编者注

启蒙时代的精神。但现在我们需要一些浪漫主义，需要错觉以及产生
"爱的魔法"的理想化。世界是残酷的，我们需要用幻想共同创造一个
更伟大的真理。

　　这对我来说是个全新的领域。我必须从"偏见杀手"变成偏见的
保护者。我简直能看到这部暑期电影的宣传语："对那些曾经想要摧毁
的，现在必须起身捍卫"。（为什么《终结者2》的主题曲现在在我脑子
里挥之不去？）

　　那么，我们该如何增加爱的积极因素，唤醒爱的魔力呢？让我们
来看看一个不得不这样做的人。实际上，他天天都得这样做……

第 14 章
4 个 R 魔法

想象一下，当你明天醒来时，你以为是 1994 年。在那一年，你31 岁，有一个男朋友。你以为《老友记》是一个全新的电视节目，而《阿甘正传》是目前票房第一的电影。但是，你一起床，发现日历上显示的不是 1994 年。你照照镜子，发现自己显然比 31 岁大了几十岁。你不是有男朋友，而是已经结婚了（顺便恭喜你一下）。你不记得 1994 年和当下之间发生的任何事情。你四顾茫然。

请再想象一下，这种情况每天都发生。每天早上你都从同一个起点出发，以为是 1994 年，但完全不记得 1994 年和现在之间发生过什么。这说明你患上了所谓"顺行性遗忘症"。这跟贾森·伯恩①的情况不同。他忘记了自己的过去，患上的是"逆行性遗忘症"。而顺行性遗忘症是指你不能产生新的记忆，至少新记忆无法持续很长时间。对你来说，新记忆大约持续一天。你生活得很好，但没有什么事情能持续到明天。人们会说你做了这个，做了那个，而你不得不相信他们。如果这让你想起了电影《记忆碎片》，那就对了。加州理工学院的神经科学家称赞这部电影的内容极其准确。

请原谅我引用了那么多与电影相关的资料，因为各种形式的遗忘症在小说中很常见。但是事实上，它们在现实生活中相当罕见，而且

---

① 电影《谍影重重》中的男主角。——译者注

症状短暂。最接近这种状态的是喝了太多的鸡尾酒，它会让大多数人体验到失忆的短暂版本。但对于你的现在和 1994 年不是这样，它是持续性的问题。正如我们从 HSAM[①] 中所了解的，即使是专家，对记忆的理解也很有限。医生无法为你解决这个问题。

所以阅读本书对你来说没什么意义，因为明天你将不记得今天读了些什么。好处是你可以一次又一次地欣赏你最喜欢的电视剧，就像第一次看到它一样。但是，与人打交道会困难些。除非你在 1994 年遇到他们，否则他们对你来说永远是陌生人，即使你每天都与他们相处。你会记录下他们的尴尬和期待，但你不懂他们为什么觉得很了解你。每天都是如此。

不过，感谢上帝，你还相信自己的字迹。你为自己写了很多笔记，这是一个能帮助你渡过难关的方式。但外出仍然是有风险的。有时记忆不会持续一整天，有时几分钟过后，你就变成了《海底总动员》中的多莉[②]。而明天又会是这样，且每天都是如此——你醒来时以为是 1994 年，但世界在滚滚向前。

幸运的是，这不是你的真实生活，这是米歇尔·菲尔波茨的真实生活。在 20 世纪 90 年代中期经历了两次车祸之后，菲尔波茨癫痫发作，记忆力也开始恶化。直到有一天，她的大脑彻底不再保留超过一天的新记忆。

是的，这很悲惨，但也不全是坏事。菲尔波茨并不孤单。她有她

---

① HSAM 是指超级自传式记忆。请参阅第 3 章，以了解更多相关内容。——编者注
② 多莉是电影《海底总动员》的主角之一，是一条阳光开朗的蓝唐王鱼，患有短期记忆丧失症。——编者注

的丈夫伊恩。实际上，情况比这更微妙一些。1994 年，伊恩还是她的男朋友。因此，每天早上，对她来说，伊恩仍然是她的男朋友（而且是一夜之间急剧衰老的男朋友）。但对伊恩和其他人来说，他是她的丈夫，他们已经结婚超过 20 年了。

所以伊恩必须提醒她，每天都要提醒她。嗯，其实也不是"提醒"她，因为她并没有相关记忆。他不会说"我们已经结婚了"，然后菲尔波茨回答说"哦，是的!"；他会说"我们已经结婚了"，然后菲尔波茨回答说"真的吗?!"，然后伊恩会像昨天那样拿出婚礼相册。（继续想想有关遗忘症的电影。如果你想到了亚当·桑德勒和德鲁·巴里莫尔主演的《初恋 50 次》，你可以获赠一颗小星星。）

伊恩一定很有说服力，因为他每天都能说服她。想象一下，每天早上都要用事实来让伴侣质疑自己的记忆。起初，这对菲尔波茨来说一定像是一个精心策划的恶作剧。她当然可以从镜子里看到自己不再是 31 岁，但在感情上接受别人一直称之为"现实"的东西一定很难。

当记忆消失时，爱情还在吗? 我很高兴能够自信地回答你:"是的。"这里面的科学非常迷人。正如我们在 HSAM 中看到的那样，记忆与记忆是不一样的。HSAM 患者对抽象事实的记忆（"语义记忆"[1]）是正常的，他们只有与个人事件相关的完美回忆（"情景记忆"[2]）。这些记忆在大脑中是不同的、相互独立的。电影中的贾森·伯恩没有忘记他的武术技能，这是真的。在逆行性遗忘症中，患者忘记了自己的

---

[1] 对语词的意义、语法规则、物理定律、数学公式以及各种科学概念等知识的记忆。——编者注
[2] 有关过去特定时间、地点、情感等有关事件或有关个人生活经验的记忆。——编者注

过去，但他们不会失去"程序性记忆"[①]——如何走路、如何开车，或者在伯恩的例子中，如何大杀四方。但菲尔波茨失去了创建新语义记忆和情景记忆的能力，但她的程序性记忆还不错。她可能不记得手机的开屏密码，但她能够记得用手指敲数字的动作模式。

这3种记忆并不是我们仅有的几种记忆类型。奇妙的是，我们还有"情绪记忆"。在顺行性遗忘症中，爱的感觉仍然留存，并且能够继续加深，即使你不记得具体事实和事件了。幸运的是，菲尔波茨还记得她和伊恩在20世纪90年代的爱情。这些情绪记忆可以加深，只是他们的爱情故事必须每天更新一次。所以第二天早上，伊恩会再一次拿出他们的婚礼相册，耐心地向她讲述一遍他们之间的爱情故事。

也许有时伊恩会对这个故事内容做些调整。当然，他不是出于恶意。他会对故事进行编辑、浓缩，故事内容肯定会发生变化。由于大脑的支配，伊恩会在某种程度上重写他们之间的故事。

你会付出什么代价来改写过去？是为了获得第二次机会，还是拥有一个全新的爱情故事？爱情的感觉仍然存在，但想象一段全新、更好的经历可以使感情更加深厚。如果每天都重燃一次爱火，做出一次爱的提醒，重写一次爱情故事，那么只要你愿意，星星之火能够再次成为熊熊烈火，爱情可以涅槃重生。

你可能没有顺行性遗忘症，但并不意味着这么做对你来说行不通。你不仅可以提醒自己所拥有的爱情故事，你还可以重写它。重写故事所带来的希望和力量对你来说同样有效。

---

① 个体对具体事物操作法则的记忆。——编者注

要想感情保持不变，就必须做出变化。这就是一次又一次地爱上某人的方法。

* * *

浪漫的爱情需要一个除颤器。当心脏停止跳动或变得不正常时，除颤器能让它持续跳动。我们想要恢复魔法，找回那个故事以及爱情早期的理想化，这并不是天方夜谭。我们在磁共振成像数据中可以看到，一些夫妻确实将爱情保持了几十年之久。他们是怎么做到的呢？

我很高兴地向你汇报，宇宙中确实存在一些平衡。是的，"消极诠释"很可怕，但我们还有"积极诠释"（positive sentiment override）。这个术语就是魔法和理想化的化身，也是"不完全真实但非常美妙的故事"的高级说法。如果说那些身陷"消极诠释"地狱的人抱有消极偏见，不断地挑伴侣的错误，那么那些坚持"积极诠释"的人则是每天一睁开眼就开始寻找伴侣身上和亲密关系中的美妙之处。积极的东西是持久的，而如果有消极的东西，一定是因为我的可爱伴侣今天过得不顺心。

浪漫爱情早期的理想化并不受我们的控制，这就是为什么它感觉起来像是一个童话故事。但我们已经看到，这种童话故事通常会消逝，熵的力量同样不可阻挡。为了重燃爱火，我们必须积极主动、深思熟虑。我们不能等待魔法发生，而是要创造魔法。幸运的是，"积极诠释"是可以被创造并维持的。

在本章开头，我向你灌输了很多令人悲伤的数据，但现在，很多好东西要来了，或者至少如果我们卷起袖子加油干，情况就可以变好。我们将快速学习很多技巧，不仅要建立起 5∶1 的比例，还要把关系转变为美妙的具有积极偏见的"积极诠释"状态。与戈特曼的"末日四骑士"类似，我们将采取 4 个步骤来实现这一目标。我们称之为"4 个 R"①。

4 个 R 魔法包括以下 4 点。

- 通过自我扩展来重燃感情。
- 通过"爱情地图"重拾记忆。
- 用"米开朗基罗效应"回归亲密。
- 一次又一次地改写你们的共同故事。

爱是一个动词。现在，让我们把爱动词化。

1. 重燃感情

在 2002 年的一项研究中，卡尼和弗赖伊发现，对关系的整体满意度与最近的情感状况有较大的关系。这并不奇怪，但近期的情感到底有多重要？答案是重要 8 倍。伊恩每天早上都会和菲尔波茨重温这些感情。我们需要为这些情感记忆自制一个反馈回路。

那么如何做到呢？你不仅仅是"选择"感受到你的伴侣所带来的

---

① 4 个 R 是指 rekindle、remind、renew 和 rewrite。——译者注

温暖和舒适感。由于熵的存在，你们要么一起成长，要么渐行渐远。最常提到的离婚原因不是吵架，相反，80% 的人说是由于二人之间失去了亲密感。我们经常说，爱让我们不断地成长、学习和扩展。这就是"自我扩展"概念的由来。但事实证明，这是一个双向的过程。阿瑟·阿伦和加里·莱万多夫斯基发现，当夫妻做一些让他们觉得自己正在学习提升或让自己变得更好的事情时，他们之间的爱就会加深。就像无聊会扼杀爱情一样，当我们觉得伴侣正在帮助我们成为一个更好、更有趣的人时，我们就会更爱他们。

　　一起做一些有刺激性和挑战性的事情，会扩展我们的自我概念，并让我们感到兴奋。具体做法很简单：永远不要停止约会。当你们刚刚坠入爱河时，你们一起做了各种炫酷的事情。你可能把它们看作浪漫爱情的结果，而不是浪漫爱情的原因，但实际上它们互为因果。如果你们仅仅是腾出更多的时间在一起百无聊赖地打发时间，那么这些"优质时间"不会有任何作用。研究表明，你们需要一起做一些令人兴奋的事情。这相当于打一针抵抗无聊的肾上腺素。研究人员做了一项为期 10 周的研究，比较了参与愉快活动和刺激活动的夫妻。愉快活动组输了。出去吃饭或看电影的夫妻并没有像那些跳舞、滑雪或去听音乐会的夫妻那样提升了婚姻满意度。在另一项研究中，研究者用尼龙搭扣把夫妻双方绑在一起，让他们共同完成一个障碍赛，结果发现双方对关系的满意度有了巨大的提升。我们需要互动、挑战、运动和乐趣。心理学家伊莱恩·哈特菲尔德的说法最为贴切："肾上腺素令人心动。"

　　那么这么做为什么会加深爱意呢？原因在于，"情绪传染"这一概念的作用被严重低估了。当我们感到兴奋时，我们会将这种兴奋感与周遭的东西联系起来，即使那些东西并不负有直接责任。当我们感到"伴侣 = 有趣"时，我们就会更享受和他们在一起的时光。让环境来替我们做些努力，我们就能在一定程度上偷点儿懒。你们可以去听一场音乐会，坐一趟过山车。你想要体验童话故事？很好，那就和伴侣一起去挑战恶龙。

事实上，任何强烈的情感都可以提升爱的感受。人们经常提到"斯德哥尔摩综合征"，即人质开始同情绑架者的现象。这是真的。许多人可能忘记了，在 1973 年斯德哥尔摩事件发生之后，有两名人质真的与罪犯订婚了。这也是为什么有些人会滞留在有毒的关系当中。可能他们自己都没有意识到这一点，比起观看无聊电视的普通夜晚，他们更喜欢闹剧和争吵（显然我不是在推荐这么做）。

兴奋、学习、体验、成长——这些不仅让你在当下感觉更好，还能为你创造情感记忆，成为你爱情故事的场景。戈特曼说，这些感受是消除鄙视的良药。当喜欢和钦佩从关系中消逝时，你们正走向"消极诠释"的状态。当它们完全消失时，戈特曼会建议治疗师终止治疗，因为这对病人没救了。

想听听开始重燃感情的具体方法吗？和伴侣出去，假装这是你们的第一次约会。这可不是芭芭拉阿姨①给你的庸俗的建议，它是经过测试的。要想再次坠入爱河，就重新做一遍你们第一次坠入爱河时所做的事情。

---

① 胸怀宽广、一心行善的人，相当于中国社会中的"热心大妈"。——编者注

2. 重忆亲密

好吧，我作弊了。这里说的并不完全是"重新回忆"，我只是需要一个以 R 开头的单词 ①。在这里，我们真正要做的是通过深入了解你的伴侣来建立亲密感。2001 年的一项研究发现，那些真正向彼此敞开心扉的伴侣，认为他们的结合很幸福的可能性要高出 62%。我们的朋友卡萨诺瓦曾经说过，"爱是 3/4 的好奇心"。戈特曼的研究证实了这一点。最幸福的夫妻对他们的伴侣有很深入的了解。他把这种深入了解称为"爱情地图"。他们知道伴侣喜欢的咖啡口味，知道困扰着伴侣的小烦恼，知道伴侣最大的希望和梦想是什么。这些信息不仅能增加亲密感，还能通过戈特曼所说的预先"修复"来减少冲突。无论是否合理，我们都会对某些事情感到担忧和敏感。当你意识到这些时，你可以在造成问题之前就避开它们。

所以，把手机放下，去更好地了解你的伴侣。使用我在第 2 章中提到的阿瑟·阿伦创建的那些问题。回答这些问题不仅能够建立友谊，要知道第一对共同回答这些问题的研究助理后来结为夫妻了。

知道伴侣的咖啡口味很好，但真正重要的是了解他们对事物的独特的个人看法。爱情对他们来说意味着什么？婚姻呢？幸福呢？挖掘他们对事情的独特看法，比如对"感到满足"的理解。当你知道伴侣把做家务看作表示关心的重要表现时，那么他们不高兴的原因也就一望而知了，而你可以赶快撸起袖子干点什么了。

---

① 英文为 remind。——译者注

丹·怀尔曾经写道:"选择伴侣就是选择一组问题。"但是,当你花时间去了解伴侣,你就可以理解为什么在情感上事物对于他们的意义与对你的意义不同。这种理解可以把"困难的问题"转变为"可爱的怪癖"。当你知道他一直开着卫生间的灯是因为童年时怕黑,这个懒惰的白痴就会变成一个惹人怜爱的家伙,有着可以接受的缺点。

更重要的是,戈特曼说理解伴侣的独特看法是解决那些恒久存在的问题——也就是那些难以解决的 69% 的问题——的方法。在某个问题上陷入僵局意味着什么?意味着这个问题与某些对伴侣来说很重要的东西是绑定在一起的。那就是意义。同样的事情会让你痛苦,但它也是让你深入了解伴侣的一扇门。如果你知道某件事对伴侣来说真正意味着什么,那么也许你就可以找到同时尊重你们两个人生活观的做事方法。或者,你至少可以尊重对方的视角,而不是走上"消极诠释"的道路,认为伴侣在故意破坏你的幸福。就像戈特曼所说的,处理这些恒久存在的问题的关键在于调节,而不在于解决。当你能诚实地告诉伴侣"我不同意这一点,但我知道你为什么会有这种感受"时,效果会好很多。

深入谈论意义、梦想和价值可能听起来很虚,却是至关重要的。你们是同路人,所以你们两人朝同一个方向前进相当重要,难道不是吗?伴侣的理想生活是什么样的?伴侣的理想自我又是什么样的?这些都是大问题,但当你试着回答这些问题时,各种小问题就会开始出现,你会开始理解这个和你一起生活的"疯子"。所有夫妻都会为钱而争吵。为什么?因为钱是价值的象征,它量化了对你来说重要的东西。更深入地理解伴侣的价值观，金钱问题就会神奇地变得更容易处理。

你应该不只是希望和伴侣"相处融洽"。这是一个多低的标准！把上文说的事情做好，你就能走上通往"共同意义"的道路。这是迈向"托尔斯泰效应"好的一面的第一步，即创造你们之间独特的二人文化——"二联性精神病"。你们会有自己的秘密语言，这相当于情感上的速记法。你们给那些看起来傻傻的小玩意儿注入丰富的个人意义，它们成了只有你们两个人才懂的内部笑话。这些话别人听起来不知所云，但是对你们来说意义重大。这就是为什么有些夫妻真的不能忍受分离——他们有着共同的身份、共同的故事，且伴侣是未来自己取得进步、达成目标、成长为理想自我的过程中不可分割的一部分。

这种独特的二人文化应该辅以独特仪式的支持。创造二人的独特文化和巩固共同身份的一个重要部分，就是将这些特殊的意义注入日常生活之中。它们不是令人兴奋的自我扩展的时刻，而是一些小事儿，比如用餐、睡觉、假期、约会、离别、重逢、约定好的依偎时刻以及庆祝活动，都可以是独特新奇、使你们的爱与众不同的完美时刻。那么又好又具体的启动办法是什么呢？每天下班回家重聚时，你们两个人轮流分享这一天的好消息，对对方说的内容给予支持和祝贺。多项研究表明，这样做可以提高幸福感和关系满意度。加州大学圣塔芭芭拉分校教授谢利·盖布尔发现，夫妻之间如何祝贺可能比如何吵架更重要。同样，就像戈特曼所说，在许多情况下，如果你增加了积极因素，消极因素就没有那么重要了。

那么当我们必须做出改变时，应该如何做呢？

3. 回归亲密

现在，你更了解你的伴侣了，想改变对方是很自然的反应。但是这不是好事，至少通常的做法效果不好。一项对 160 人的研究发现，企图改变对方通常不起作用，而且还会降低婚姻满意度。为什么呢？因为你不客观。你在传递的信息是：你比伴侣更清楚他们应该是什么样的人。这里面总是夹杂着自私的成分，并蕴含着巨大的讽刺，那就是你必须完全接受对方，对方才会改变。人的自主本能根深蒂固，所以，人只有在觉得自己不必改变的时候才会改变。

有一种健康（且有效）的方式可以帮助你的伴侣向积极的方向改变。但这个过程始于他们想要成为什么样的人，而不是你想让他们成为什么样的人。你必须帮助他们成为他们自己的理想自我。这就是上文所说的"爱情地图"如此重要的原因之一，因为你需要询问和了解，而不是猜测伴侣心中的理想自我是怎样的。

在建立友谊方面，我们从亚里士多德那里获得了一些启发。而在帮助伴侣做出改善方面，我们将从另一位古典大师那里获得灵感——米开朗基罗。在谈到艺术创作过程时，米开朗基罗曾说："在我开工之前，雕塑就已经在大理石块中完成了。"他觉得雕塑不是在创造，而是在展现。雕塑本来就在石头里面，他只是把它从周边的石头中解放出来。而心理学家发现，同样的想法也适用于帮助你的伴侣做出改善。

就像在浪漫爱情中我们能够看见"真实"的伴侣，但把他们的缺点抛诸脑后，将他们理想化一样，我们在这里也可以借鉴这一点。在了解了当前的大理石块和它的潜能之后，我们能够看到那个理想化的版本。

　　那么，具体如何做呢？回想一下我们谈过的自恋狂和"共情提示"（我不是在说你的伴侣是一个自恋狂，我想说的是人们的相似性多于不同之处）。帮助自恋狂改善的最好方法是鼓励，而不是羞辱。同样的道理也适用于这里。在接纳伴侣的同时，你仍然可以关注和鼓励那些符合他们理想自我的方面，即他们最想成为的样子。在他们目前模样的大理石中，看到和鼓励那个"理想自我"的雕塑，并通过支持和肯定来滋养那个理想自我。你要在未经加工的钻石上下功夫，揭示其内在之美，而不要因为你喜欢绿色而试图把它变成翡翠。

　　简单地说，这是一种更加积极主动的努力，是为了"带出伴侣最好的一面"。而且，由于目标是伴侣自己定的，在实现过程中遇到的阻力会小很多。你不是在鼓励他们成为你想要的样子，而是在鼓励他们更大程度上实现自我。要与伴侣的"理想自我"交谈，鼓励这个"理想自我"，且对待伴侣的方式就好像对待他的"理想自我"一样。在1996 年的一项研究中，研究人员默里、霍姆斯和格里芬发现，跟小孩子一样，成年人经常以别人看待自己的方式来看待自己。这就是为什么支持"理想自我"是有效的，而把他们当作差劲的人来羞辱是无效的。由爱产生的错觉是必要的，因为它就像一颗北极星。错觉最终会变成真实。

　　同样，这种做法也会促进自我扩展。你猜怎么着？它会带来一些与自我扩展相同的结果。"朝向理想自我的变化同生活和关系满意度有积极的关联。"不仅如此，它确实能够帮助人们改变、进步和实现目标。他们真的会更接近自己的"理想自我"。分析显示，如果在与目标相关的对话中更多地肯定伴侣，伴侣就更有可能实现他们的"理想自我"目标……另外，你是可以鼓励老家伙学新把戏的。"米开朗基罗效应"被证明在任何年龄段都是有效的。

这仍然是理想化，不过它是"启蒙时代"版本的深思熟虑的理想化。如果我们知道伴侣的缺点，能了解这些缺点背后的意义，我们就能真正地认识他们到底是谁，他们可以成为谁。然后，我们可以以鼓励伴侣心中的"理想自我"，帮助伴侣成为那个人。既然伴侣成为了"理想自我"，那么理想化可以持续存在，这就可以通向长久的浪漫爱情之路，它可以抵御熵。"米开朗基罗效应"使我们能够一次又一次地爱上同一个人（而且无须失忆）。萨默塞特·毛姆曾写道："今年的我们已与去年不同，我们爱的人亦是如此。如果变化中的我们依旧爱着那个变化中的人，这可真是件令人欣喜的幸运之事。"不过，我们不必仅凭运气。

好了，我们通过自我扩展改善了感受，提升了亲密度，用"爱情地图"创造了有仪式支持的独特的二人文化，用"米开朗基罗效应"促进了积极的成长和改进，那么有没有什么东西囊括了这一切，将它们全部联系在一起？有，它是到目前为止贯穿全书的核心内容，也是菲尔波茨每天都需要，而丈夫伊恩提供了的东西——故事。

4. 改写故事

归根结底，爱情是一个共同的故事。（由于我先天聪慧，我深刻且敏锐地意识到，持久的爱情是共同故事不可分割的一部分，这与爱情研究者罗伯特·斯滕伯格写过的一本名为"爱情是一个故事"①的书毫无关系。）

还记得戈特曼预测离婚的准确率高达 94% 吗？你知道他是如何做到的吗？很简单：他要求夫妻讲述他们的故事。这一点，而且仅凭这一点，就能成为他预测爱情未来的水晶球。

那么你的故事是什么？每段关系都有一个故事。对不起，我可能让你为难了。别担心，我并不指望你会回答，因为关于关系的故事通常是关乎直觉、无意识的。但它们确实是存在的。有些人的故事是"商业"型的，他们无论做什么都是为了确保关系能够顺利持续。有些人的故事是"童话"式的，他们想要拯救他人或者被他人拯救。还有些人的故事是"家庭"型的，一切都围绕着创造一个有爱的环境而展开。我们可以有无数的故事，且没有一个故事可以保证幸福，但斯滕伯格发现有些故事确实让人很难幸福，比如"战争"型故事。

人们会重复他们的"问题故事"，所以你的一些朋友可能会向你抱怨："为什么我总是吸引愚蠢的家伙？"他们总是为自己故事中的角色挑选演员，而正派的人可能不适合这个角色。斯滕伯格的研究表明，我们最终会跟对一个爱情故事有着相似想法的人在一起。如果他们的想法与我们的不一样，我们对关系不满意的可能性就会高得多。

首先，你需要知道你的理想爱情故事是什么，这样你才能与它保持一致，调整或改变它。这是诊断一段爱情关系出了什么问题的好方法。但如果你不知道自己的理想故事是什么，这就很难做到。如果你

---

① 该书中文版《爱情是一个故事：斯腾伯格爱情新论》于 2017 年出版。——编者注

暗地里是"戏精",但不愿承认这一点,你就可能一边宣称自己在寻求
一个"童话"式故事,一边在"战争"型故事中结束关系,最后还感
叹说:"老天爷啊,为什么这种事总是发生在我身上?"通常,人们会搞
混自己在寻求的故事和自己"应该"拥有的故事。

我们的故事会受到教养、经历以及生活环境的影响。比起过去,
如今的故事没有那么多的现成剧本。如果你能够自主地编写自己的故
事,这是一件好事。但如果你对此不那么积极主动,这可能比处于群
体的剧本情境中更加可怕。

请回顾你的过往行为,找到那个你一直在无意识的状态下寻求的
理想故事。你和什么样的人交往过?你拒绝过怎样的人?有过什么样
的变化?你也可以问问朋友的见解,因为你可能不会那么客观。然后,
你想一想你和伴侣之间的"实际"故事是什么。自从有了孩子,"冒
险"故事是否变成了"经营小本生意"的故事?你要和伴侣谈一谈,
弄明白对方的理想故事与"实际"故事。这也是你要与伴侣讨论梦想
和价值,并试图了解他们的"理想自我"的原因。无法在这方面达成
一致就是为什么在与曾经的夫妻交谈时,你会经常听到两个完全不同
的故事形成的"罗生门"①。斯滕伯格的研究发现,有着相似故事的夫
妻,对生活的满意度更高。

其中一个关键因素是理解共同故事中的角色和权力问题。今天,
许多夫妻都以膝跳反射般的速度说,他们之间是平等的,但这可能没

---

① 罗生门原为日语,通常指事件当事人各执一词,分别按照对自己有利的方式进行表述,最终使
得事实真相扑朔迷离,真假难辨。——编者注

有反映他们实际的理想状态。你是在处于领导位置时感到不自在，还是在没能在领导位置时感到不舒服？角色可以是不对等的，这没关系。夫妻之间可以一个人当赛车手，另一个人当机械师。

要记住，这个问题没有正确答案，只有让你们两人都感到舒服、符合你们需求的答案。是的，这就是"自选冒险"型的婚姻。客观性和事实并不重要，重要的是框架、视角和双方的认同。在这种婚姻中，没有客观的真理，只有两个人主观的真相。

这与戈特曼关于故事的发现一致：事实并不重要。叙述才是最重要的。94% 的预测准确率并不源自一对夫妻所说的内容，而在于他们如何呈现这些内容。那么最重要的是什么呢？"积极诠释"，这意味着一切。如果一个故事是关于问题和之后的积极变化（"我们曾经陷入了麻烦，但我们克服了它们"），就是一个好兆头。但如果一个故事是关于好事情和之后的失望（"我想我们过得还不错，但这并不是我想要的，但是无所谓了"），那么它就意味着问题。

这里的目标是创造"可追溯的命运"。故事不是事件，而是你看待事件的滤镜。我们倾向于认为，我们现在看问题的方式就是唯一的方式。但当你转换视角时，一场胜利也可以转变为一场悲剧。意义不是在事后才产生的。你不会找到现成的童话故事，事件也不会按照童话故事来展开。当事件发生时，你会编织一个有着积极意义的童话故事，并通过它来解释一切。怀疑者会说这是合理化，但我们已经知道，浪漫的爱情本来就是一种错觉——一种美妙的错觉。

"消极诠释"是对故事的消极改写，"积极诠释"则是故事的积极版本。事实没有改变，变的是滤镜。故事永远在被改写，这里改一点，那里改一点，这正如伊恩每天对菲尔波茨的讲述。为什么孩子的到来对幸福的婚姻来说是巨大的挑战？因为你增加了一个全新的重要角色，却没有更新你的故事。如果不去有意识地改写故事情节，"旋风式浪漫"会转变为"情景喜剧"也就不值得惊讶了。

正如我们在研究中所看到的，HSAM 患者的完美记忆损害了关系。我们需要能够重写和重塑故事，需要强调或者忽视故事中的部分内容，就像我们对伴侣进行的理想化一样。幸运的是，我们没有患上 HSAM，所以我们可以改写故事。与其通过一段新的关系写出一个新的爱情故事，不如与同一个人打造一个新故事。也可以把这个过程想成是回收利用，你们共同的爱情故事可以非常环保。正如米尼翁·麦克劳克林所说："成功的婚姻需要多次陷入爱河，且是与同一个人。"

这不可能在一夜之间发生，但"积极诠释"故事的目标可以归结为一个词：我们。杰米·彭尼贝克教授发现使用"我们"这个词预示着幸福的关系。我们已经了解了这个词的相反面。还记得婚姻"末日四骑士"之一的批评经常是怎样的？在争论中经常使用"你"这个词。加州大学河滨分校教授梅根·罗宾斯回顾了对 5300 名被试的研究，发现使用"我们"一词与在所有评估指标上获得高分相关，这些指标包括关系的持续时间、满意度和心理健康。而且这个词不仅仅可以提高幸福感。研究人员在对有心脏问题的人进行调查时发现，他们对配偶使用"我们"一词的频率越高，6 个月后他们的身体就越健康。

　　但是"我们"这个词到底是鸡还是蛋？它只是标志着一种良好的关系，还是更多地使用它可以改善关系？罗宾斯说很可能两者都有。所以，多多使用"我们"一词吧。

　　现在，几乎到了该总结的时候了。是的，"我们"快要结束了（不，你和我并没有相爱。你很棒，但我真的只把你当朋友）。我们即将对爱情的征服能力做出最终的判断。但首先，你可能会好奇，当爱情真的征服一切时，它会是什么样子……

第 15 章
产房里的"手铐"

约翰·奎因很爱他的妻子。1960 年 9 月 21 日星期三晚上，这位洪堡州立大学 23 岁的英语文学系学生将他的爱人送到了加州阿卡塔市的三一医院，因为她即将分娩他们的第一个孩子。

当她即将临盆时，医生告诉约翰他必须离开。许多人都知道，过去在妻子分娩时，丈夫一般不会待在产房里。但许多人不知道的是，这种做法即使不违法，也是不被鼓励的。（如果男女二人没有结婚，那么直到 20 世纪 80 年代中期，在某些司法管辖区，未婚女性到医院分娩仍然是非法的。）

但约翰·奎因没有听医生的话。他告诉产科医生："我爱我的妻子。作为丈夫和父亲，待在这里是我的道德权利。"可是，医生和约翰一样固执。

情况变得越发激烈。医院的管理层来了，他们支持产科医生，觉得这种做法不安全，让约翰在场是"不可能的"。

约翰·奎因爱他的妻子，他很坚持，哪里也不想去。就在这时，医院威胁说要报警……

约翰早已预料到会有这样的结果。实际上，他已经为此做好了准备。这时，只见他拿出了铁链……

他接下来的勇敢行为后来成了全国新闻。他拉着妻子的手，将铁链缠绕在他们的手臂上，然后用挂锁将两人锁在了一起。虽然我当时不在现场，但我知道他脸上挂着一种"医生，这下看你拿我怎么办"的表情。

医院的工作人员报了警，但医生并不打算把他们俩推出产房，而且由于产房的亮度不够，他也看不清楚整个分娩过程，因此约翰得以留下来陪伴妻子分娩。

约翰·奎因亲眼看着他的小男孩来到这个世界。分娩结束后，母子俩状况良好，约翰打开锁走了出去。他正好与唐曼警官擦肩而过。人们注意到这位警官对整个事件感到很为难。

最终，没有人提出指控。

* * *

有时，爱对我们提出的要求超出了我们的预期。但是，如果你全心投入，有所准备——备好几把挂锁——那么有时，爱可以征服一切。

每个人都会问你们是如何走到一起的，但没有人会问你们是如何做到不分手的。而后者往往才是真正值得骄傲的成就。让我们总结一下我们学到的东西。

"为了避免死亡而结婚"的漫长时代已经结束。爱赢了，"自我表达的婚姻"胜出了。但这也是"不成功便成仁"的婚姻。如今的幸福婚姻比以往任何时候都可以和幸福生活划等号。我们押下了所有赌注。如果把爱这件事做对了，那么是非常非常好的。如果做错了，就会非常非常糟糕。

　　爱是一种精神疾病，它让人疯狂上瘾，甚至蒙蔽了冷酷无情的卡萨诺瓦的心。但事实证明，我们需要这种疯狂。这种疯狂的理想化和积极偏见就是爱的魔法。生活是艰难的，我们不仅需要爱的驱动力来实现基因的繁衍目标，也需要它来满足希望、实现梦想、抚慰心灵。

　　我们需要启蒙时代的理性思维来帮助我们理解爱的过程，就像用医学来治愈身体一样。但归根结底，我们的目标不是不生病，而是要幸福。所以，到头来我们仍然需要一头"跳进"浪漫主义的偏见和疯狂之中。

　　浪漫主义爱情在初期阶段的力量消退时，会出现情感上的"先下饵，再拉钩"的情形。我们错误地认为浪漫爱情开始时的高潮会无限地持续下去，但更有可能的是，熵会削弱它。童话故事是被动的，对长期发展没有帮助，我们需要主动努力。正如诗人卡罗尔·布赖恩特所说："爱是一条永远在建设中的双向道路。"

　　为了防止"消极诠释"将你的爱人转变成你的私人皮纳塔①，你们必须交谈，也必须吵架。为了处理 69% 永远无法解决的持续性关系问题，我们必须减少在沟通中出现的致命的负面因素，即戈特曼提出的"末日四骑士"——批评、冷战、辩护和鄙视。不要让吵架在一开始时就很恶劣，用同情和慷慨来对待伴侣是关键，就像我们对待孩子一样。

----

① 一种纸糊的容器，其内装满玩具和糖果。在节庆活动中或生日宴会上它会被悬挂起来，让人用棍棒打击，打破时玩具和糖果会掉落下来。——译者注

不过，仅仅减少消极因素是不够的，我们还必须增加积极因素，实现"积极诠释"，它是对抗"消极诠释"这个魔鬼的天使。要找回像浪漫爱情初期那样的积极偏见，我们需要做到 4 个 R。你要通过自我扩展来重燃感情，让自己深入亲密关系之中，创造独特的二人文化。你还要利用"米开朗基罗效应"让彼此变得更好、焕然一新。最后，你要不断地改写你们共同的爱情故事，并且美化其中不可避免的"战斗"。

正如著名作家米兰·昆德拉所说："一个隐喻就能催生爱情。"爱是一个故事，而故事从来不是对事实的完美再现。我们想要的不是现实主义，而是永远变化的理想化。随着时间的推移，错觉最终会成为真实。当人们相信充满仁爱的故事时，就会形成让人们得以生存和蓬勃发展的国家、宗教和社区。就像朋友是"另一个自我"的假象使我们联结在一起，并让世界变得更好一样，双方都相信的爱的错觉也会如此。如果我们都相信，假的会变为真的，这就是"二联性精神病"的美妙和疯狂之处。而这个共同故事可以用一个单一、强大的词语来概括——我们。

任务艰巨，前路漫漫。（你不会以为这很容易做到吧？）但只要努力，如今的我们将有能力创造有史以来最好的婚姻。这是一件很难的事情，但你有伴侣一路相助。

那么，对这句格言的定论是什么？不，爱不能征服一切。但你的爱可以。如果你的故事对头，你的爱就能成为人类已知的最伟大的爱情之一。而这个故事会不断地被改写。第一版可能无法"征服一切"，但下一版也许可以。

　　身负成年后的责任，我们会渴望将一切变成例行公事，但这使爱缺乏色彩，变得单调乏味，让我们变得不想去战胜爱情带来的挑战，揭开它的神秘面纱。但是，在模糊中蕴藏着不确定性，在不确定性中蕴藏着紧张、机缘和惊喜。足够严酷的启蒙式科学让脆弱的浪漫主义时代之火熊熊燃烧。这是不是不太理性？是的。但生活也是如此。而且，正如我们所了解的信号理论，有时非理性是理性的最高形式。

　　好吧，是时候深呼吸一下了。在我们的"消费者报告"中，下一条社交格言是什么呢？

　　让我们扩大一点范围，看看社区团体。在这一方面，最近发生了很多事情。世界比以往任何时候都更加紧密地联系在一起，但我们比以往任何时候都更显个人主义。这会让人好奇——我们到底有多需要彼此，以及以何种方式需要彼此？

　　在这一部分，我本应该说"他人是必不可少的，是很棒的""社区团体日趋凋敝是可怕的"等诸如此类的话，但我们为什么一直在选择这条越来越个人主义的道路呢？所以，与其让那些陈词滥调吞没你，不如从这个你本不应该开口问的问题开始，这和其他人际关系宝典所写的完全相反：你真的需要其他人吗？

　　"没有人是一座孤岛"？还是说你可以自得其乐，就像美丽的毛伊岛那样？

　　是时候让我们找出答案了……

第四部分
没有人是一座孤岛

生物学家曾说:"人们必须属于一个部落。"如今人们在哪里才能找到他们的部落?孤独到底是好是坏?最幸福的人的共同点是什么?在本部分中你会找到这些问题的答案。

第 16 章
偷窃的隐士

克里斯不喜欢从别人的家里偷东西，但冬天就要来了，他别无选择。

一进门，他就直奔他需要的东西：牛排、电池、花生酱，还有书、书、书。如果有什么东西看起来特别贵，他会不予理睬。对克里斯来说，盗亦有道。偶尔他也会偷一个手持电子游戏机，但从来没有偷过看起来很新的游戏机。他不想剥夺孩子最喜欢的玩具。

克里斯已经这样干了很久，缅因州中部的居民几乎已经习惯了。许多人知道他是无害的，但其他人仍然很恼火。执法部门曾试图逮捕他，但都失败了。没有人能够抓到这位"北塘隐士"。不过，这种情况持续不了多久了……

当克里斯走出楼栋时，一个手电筒照得他睁不开眼睛。"趴下!"如果克里斯能看到什么的话，那就是特里·休斯中士的 .357 马格南手枪的枪管。克里斯趴到了地上。很快，后援赶到，逮捕了这个入室盗窃了 1000 多次的人，他的盗窃次数打破了该州的纪录。哦，也可能是世界纪录。

他们开始审讯克里斯，但一开始，他不作回应。坦率地说，他看起来不太会说话了。当被问到在森林里生活了多久时，他问："切尔诺贝利事故是什么时候?"

克里斯已经做了 27 年的隐士了。他在影院里看的最后一部电影是《捉鬼敢死队》①。他从来没有使用过互联网。在过去的 1/4 个世纪里，他只遇到过两次陌生人，而这两次都是意外。当时，他也只说过一个词："嗨"。这次与警察的面谈中说的话比他近 30 年来说的话加起来还要多。

怎么会这样？他是如何在几乎不与人类接触的情况下生活了这么久的？他是如何在荒野中生存下来的？缅因州的冬天可不是闹着玩的。

克里斯把警察带到了他的露营地。尽管住在森林里，但他的家可能比你家还要干净。警察们都很震惊。是的，他住在一个帐篷里，但帐篷里有一个金属床架和一个床垫。食物被储存在防鼠的塑料容器中。克里斯甚至有一个普瑞来②皂液器。他显然不打算返回文明社会。缅因州警察局的戴安·珀金斯·万斯问他为什么要离开，为什么要逃离社会，独自生活在这片森林里，他没有回答。但是，随着时间的推移，克里斯选择在森林里生活的原因慢慢浮现。

克里斯托弗·托马斯·奈特在高中时成绩优异，但他一直觉得自己是个怪人。对他来说，与人打交道是件令人沮丧的事儿。提前毕业后，他在一家警报系统公司找到了一份工作。然后有一天，莫名其妙地，他决定开车离开，开得越远越好。当车没油了，他把钥匙放在仪表盘上，然后就走进了树林。他没有任何计划，也没有告诉任何人。坦白地说，他也没人可以告诉。

---

① 1984 年上映的美国喜剧片。——译者注
② 美国第一款无水手部清洁产品。——编者注

后来的情形比他想象的要困难。他以前从来没有露营过。起初，他吃花园里的东西，但最后转而靠偷窃来生存。他在警报系统公司工作的经历让他能够闯入民宅，但他并不以此为乐。在做了两年的流浪者之后，他在一处营地安顿下来，这就是他未来长达 1/4 个世纪的家。

这儿不是瓦尔登湖，克里斯也不是梭罗。尽管梭罗一直在谈论荒野中的孤独生活，但梭罗离马萨诸塞州的康科德只有两英里。他的朋友会过来参加晚餐聚会，他的母亲甚至为他洗衣服。克里斯后来说："梭罗就是个半吊子。"

对克里斯来说，每个冬天都是一场生存威胁。他得在夏末就开始做准备。这意味着要偷更多的东西以确保生存物资，也意味着要尽可能地胖起来。他大口喝酒、吃糖，像一只准备冬眠的熊一样增加体重。他还会改变作息，7 点半睡觉，凌晨 2 点醒来。这是因为当缅因州的夜晚达到最低温度时，你必须保持意识清醒。如果你不这样做，你可能永远也醒不过来了。

但所有这些痛苦只会让人更加好奇：为什么？为什么要这样做？他没有遭受过童年创伤。他曾是一个 20 岁上下的聪明的年轻人，有工作，有车。他为什么要抛弃这个世界？为什么要放弃那么多别人认为对美好生活至关重要的东西？他放弃了获得事业、伴侣和孩子的可能性。他甚至从未约会过。

而现在，克里斯发现自己正处于完全相反的情况。他身处肯尼贝克县矫正机构，这是他在经历了一万个夜晚后第一次在室内睡觉。当然，他不能自行离开。这位隐士甚至还有一个狱友。食物很丰盛，但他太焦虑了，以至于吃不下什么东西。

克里斯没有接受采访，也没有发表声明，并拒绝了在他的故事见诸报端后收到的众多援助提议。但过了一段时间，克里斯确实与记者迈克尔·芬克尔谈了谈。他们先是通过信件交流，后来芬克尔来到监狱探访。他们面对面坐着，被有机玻璃隔开，通过电话交谈。芬克尔几乎听不见克里斯在说什么，因为克里斯没有正确地握住话筒。他已经忘了怎么打电话了，因为他有近 30 年没有使用过电话了。

对克里斯来说，监狱里的生活太艰难了，这位隐士在明显地退化。克里斯周围都是人，任何时候都是。这么多的互动让他喘不过气来。他几乎无法入睡。在等待审判的 6 个月后，克里斯得了荨麻疹，他的手在颤抖。克里斯告诉芬克尔："我怀疑在监狱的几个月对我的精神所造成的伤害，比在森林里的几年、几十年都要大。"

好消息是，克里斯很快就可以出狱了。检察官对他表示出了同情。克里斯被判处 7 个月的刑期，而当时他几乎快要服完了。但对他而言监狱外的生活会更好吗？克里斯获得假释的条件之一是他不能回到森林里去。克里斯说："我不懂你的世界。我只有我的世界，以及对我进入森林之前的世界的回忆……我必须搞明白如何活下去。"

芬克尔试图得到大家都好奇的答案——他为什么要离开的答案。之前，克里斯多次回避了这个问题。在芬克尔又问了一遍后，克里斯给出了一个最接近答案的回答：他在我们的世界里从来没有快乐过。他从来没有和任何人合得来。但后来他冒险进入森林，终于，他的生活改变了。"我找到了一个让我感到满足的地方……说得浪漫一点，我完全自由了。"

我们偶尔都会梦想着逃跑，扔掉智能手机，逃离许多琐碎而无意义的日常挣扎。这些挣扎压得我们喘不过气。我们去度假，看到拥有自然美景的地方，然后幻想着永远不再回到原先的生活之中。但我们还是会回去，只有克里斯没有。

迈克尔·芬克尔后来写了一本关于克里斯的书——《森林里的陌生人》。他不再好奇克里斯为什么离开这个世界，他现在好奇的是，为什么我们中的大多数人没有这样做。

* * *

约翰·多恩在他 1624 年出版的《突发事件的祷告》一书中写道："没有人是一座孤岛。"但多恩是个诗人，所以他没有用任何证据来支持这个说法。换句话说，他因为写了一句 8 个字的格言而闻名几个世纪，而我却要做所有的累活儿。

不过，不少古典思想家都与多恩的观点一致。亚里士多德写道："人在本质上是一种社会动物"，并认为任何能够单独生存的人"不是野兽就是神"。在历史上的大部分时间里，流放是最可怕的刑罚之一，有时甚至比死亡还可怕。在古代世界，孑然一身并不是一件好事儿。即使现在，联合国也将超过 15 天的单独禁闭视为酷刑。

幸运的是，我不是来为隐士做辩护的。讽刺的是，我们的行为越来越像隐士，历史上从来没有这么多人正在独自生活。

1920 年，占美国人口 1% 的人在独自生活。如今，每 7 个美国人中就有 1 个人独自生活，这意味着超过 1/4 的美国家庭只有一个人。自 1940 年首次将这个问题纳入人口普查以来，每次普查中的独居家庭的比例都有所上升。美国甚至没有夺得独居家庭比例排名的榜首。英国、德国、法国、澳大利亚和加拿大的独居家庭比例更高。北欧国家的独居者数量接近 45%，而世界的其他地区也紧随其后。1996 年至 2006 年间，全球独居者的数量增加了 1/3。

但与单独禁闭不同的是，我们是有意选择了独居。在第二次世界大战之前，这种做法在经济上不太可行。但随着我们变得越来越富有，我们想要获得更多的自由和掌控权，有意选择独居是可以理解的。（对此我深有感触。我独自生活，把自己关在家里写书。我把这个过程称为"如何一步到位地患上广场恐惧症"。）我们喜欢变得自主，但有人认为这正是让我们孤独的原因。

我们确实是孤独的。2017 年，英国有着超过 900 万孤独的人，这个问题变得如此严重以至于这个国家任命了一位孤独部长。根据一项研究，在美国，自述感到孤独的人大约有 6200 万，这大致相当于英国的全部人口。一些研究结果可能不尽相同，但数据显示，大概有超过 1/4 的美国人说他们经常感到孤独。知名专家约翰·卡乔波说，在过去 20 年里，这个数字增加了 3% ~ 7%。

持续的孤独感对人类健康和幸福所产生的影响会超出我们的想象，它会让我想要跑到外面去，拥抱我看到的第一个陌生人，也许还会让我重新考虑一下我的职业选择。卡乔波的研究表明，孤独感相当于情绪上的"躯体暴力"，它提升了压力激素的程度，就像是你遭到了殴打一样。孤独感会使你的大脑进入持久的高度警戒模式。试验表明，孤独者注意到威胁的速度是非孤独者的两倍，也就是 150 毫秒：300 毫秒。我们通常不会想到孤独感会提高反应速度，但这背后的进化原理是说得通的：你最好多留个心眼儿，伙计，因为如果事情出了岔子，没有人会来帮忙。这种态度在我们祖先所处的环境中可能相当有用，但它肯定不利于幸福感的产生。

研究一次又一次地表明，最幸福的人的共同点是拥有良好的人际关系，这毫无疑问。一项名为"给朋友、亲戚和邻居标价"的经济学研究认为，更好的社交生活每年带来的幸福价值是 131 232 美元。此外，孤独导致抑郁的情况远比抑郁导致孤独的情况要多。作者约翰·哈里指出，从孤独感的第 50 个百分位数提升到第 65 个百分位数的转变让你患上抑郁症的概率不是增加了一点点，而是会增加 8 倍。

孤独不仅仅关乎幸福，它对你的健康也很不利，我甚至对保险公司没有强制你放下本书去见朋友而感到惊讶。研究表明，孤独与心脏病、中风、阿尔茨海默病以及几乎所有其他你能想到的可怕疾病的发生率有关。加州大学伯克利分校在研究了 9000 人后发现，良好的人际关系会让寿命延长 10 年。一项 2003 年的研究回顾说："在对健康和寿命的预测能力方面，积极的社会关系仅次于遗传学。"光是关于人际关系和健康的研究结果，我就可以写满一本书。什么因素可以预测你在心脏病发作一年后是否还活着？有两个因素：你有多少朋友和你是否吸烟。牛津大学教授罗宾·邓巴说："你可以随心所欲地吃东西、喝酒，你也可以邋里邋遢。与那两个因素相比，这些事情的影响不值一提。"

约翰·多恩和他的格言似乎轻松地戳中了真理。如果我试图说服你成为一个隐士，那本书到此也就结束了。形单影只不是好事。但话说到这儿就出现了一件奇怪的事情。这事儿还真是有点奇怪……

如果我告诉你，在 19 世纪之前孤独并不存在，你会怎么想？不是说它不常见，而是说它不存在。好吧，我是夸张了，但没有特别夸张。约克大学的历史学家费伊·邦德·艾伯蒂博士说："孤独无论是作为一个词，还是更具争议性地作为一种体验，都是一个相对现代的现象。"

是的，在 1800 年以前，你几乎无法在书中找到这个词。而当你找到它时，它意指"独自一人"，没有任何负面含义。塞缪尔·约翰逊在 1755 年的《英语词典》中也是这样使用这个形容词的。当他写"孤独的岩石"时，他并不是说在地质学上岩石是悲伤和伤感的，而是说它们处于荒凉的地方。

但在 19 世纪发生了一个转变。浪漫主义者，比如拜伦，开始频繁地使用这个词，且这个词带有明显的消极色彩。最好的例子是什么呢？就是我们的老朋友《科学怪人》。是的，玛丽·雪莱在 1818 年塑造的怪物向我们展示了很多关于西方文化的巨大变化。怪物说："相信我，弗兰肯斯坦，我是仁慈的，我的灵魂焕发着爱和人性。但是我不孤独吗？我不是孤独到可怜吗？"然后他向北走去，准备自杀。可以说，这是历史上第一次孤独被描绘成一件非常糟糕的事情。

那么，为什么孤独在几个世纪前都不是什么大问题呢？我们在独处时确实会有一些感受，但通常并不那么糟糕。你也认识这个词——独处，它在 19 世纪之前就出现过，而且它几乎总是一件好事。如今的你也知道这一点。当我说"智慧"这个词时，你可能会想到留着长胡子、怡然自得地独坐在山顶的人。在耶稣、佛陀的灵魂修炼上，独处起到了关键作用，且不会有人认为你会在家庭聚会上获得深刻的洞察力。

当你说"我需要一些自己的时间"或者"我想要远离一切"时，你的意思是你想要独处。我们需要独处来充电和思考，而且总会理所当然地将独处与创造性突破联系起来。1665 年，牛顿在伍尔索普与世隔绝时发现了万有引力定律。爱因斯坦曾发誓要每天独自在树林里散步。毕加索说："没有伟大的独处，就不可能有严肃的工作。"贝多芬、卡夫卡、陀思妥耶夫斯基和无数其他人都在独处时创作了他们最好的作品，而这些作品无法以任何其他的方式创造出来。

从历史上看，人们一般都能很好地平衡社交和独处的时间。你的房间里通常有十几个人走来走去，这是你的社交时间。但你也有大量的时间在户外畅游，这是你的独处时间。（在 20 世纪初，如果你的行程不足 6 英里，那么 90% 的路程都靠步行。）

但现在，我们有点不信任独处。使用这个词会让你听起来像个怪人。"独行侠"让人联想到"邮包炸弹客"①的形象。在现代世界，"独来独往的安静家伙"听起来不像是禅宗大师，而更像是枪手制造枪击事件的前奏。那么你会觉得谁更成熟：一个花很多时间舒舒服服地独

---

① 此处指西奥多·卡钦斯基。从 1978 年到 1995 年，他通过邮寄炸弹来批评现代文明和科技，造成美国社会恐慌。1998 年，他被判终身监禁。——译者注

处的人，还是一个完全无法忍受独处的人？实际上，在许多方面，我们已经将独处病态化。从上文的统计数据可以看出，我们有无数个衡量孤独的标准，但没有人衡量过独处。哦，还有一点要说一下："矛盾的是，独处能防止孤独"。你知道这是谁说的吗？维韦克·默西，美国前公共卫生局局长。

好吧，这很令人困惑。问题的答案到底是什么？孤独到底是好是坏？

这就是我们所犯的错误——我们提的问题是错的。孤独感并不在于你是否真的是一个人。孤独是一种主观感觉，它不一定跟物理隔离有关。我们都有过这种感觉——在人群中感到孤独。卡乔波在 2003 年的一项研究表明，平均而言，感到孤独的人实际上和没有感到孤独的人花了同样多的时间与他人相处。所以，孤身一人并不是真正的罪魁祸首。它是症状，而非原因。虽然缺乏面对面的接触肯定会产生问题，但就总体的孤独感而言，它只是转移了你的注意力。卡乔波写道："与他人相处的时间和互动的频率对预测孤独感并没有多少帮助。能够预测孤独感的仍是一个质量问题，即个体认为自己与其他人的邂逅是有意义还是无意义的。"孤独并不指孤身一人，而是一种缺乏有意义的联结的感觉。

但是，是什么导致了语义上的这种转变？意义感去哪儿了？更具体地说，在 19 世纪到底发生了什么？不要把这一切归咎于弗兰肯斯坦创造的科学怪物，他也是一个受害者。在 19 世纪，人们的集体文化故事发生了变化。伴随着同一时期婚姻状况的变化，一股新思潮彻底改变了人们的社会叙事。这种思潮可以用一个词来概括：个人主义。艾伯蒂写道："在 19 世纪 30 年代，'个人主义'一词被首次使用（而且是一个贬义词）。与此同时，人们的孤独感也增强了。这并非巧合。"我们曾经视生活为合奏曲，现在生活变成了独角戏。我们曾经默认"有人关心"，现在则变成了"无人在意"。

我们不能低估 19 世纪发生的思想和文化上的深刻转变，包括政治、哲学、宗教和经济。个人被推到了台前，而社区被置于幕后。人们知晓了世俗主义、功利主义、达尔文主义、弗洛伊德主义、资本主义，还有消费主义。社会契约让位于自主权，人与人之间从团体关系变成了竞争关系。这一切在 20 世纪加速了，更多的"主义"出现了，比如存在主义和后现代主义。

我们认为这些理念是理所当然的，以至于很难看透它们。我们早已将这些概念内化，以为它们就是世界本来的样子。我不是说这些理念一定不好，但这种转变是深刻的，人们似乎在转变中失去了一些东西。以前，将自己视为社区的一员是默认理念。你是上帝之子，是巴克氏族的一名成员，是加州洛杉矶部落的一名战士。但现在，作为主要单位的个体变成了焦点。这样的转变有一个很大的好处，那就是你自由了，就像我们的隐士克里斯一样……

但你的大脑接收到的信息是，从根本上说，你现在是孑然一身。这就是为什么你在人群中还会感到孤独。我们对于这个转变所带来的事物思考了很多，却难以确定我们到底失去了什么。我们只是有一种模糊的不安全感和持续存在的焦虑感。自由自在、拥有掌控权、不受社会义务的约束，这些都很棒。但你的大脑清楚，这意味着其他人也是自由自在的，没有义务来照料你。数百万年的进化过程从生理角度告诉我们，这意味着无人会前来相助，你只有靠自己。

很明显，我喜欢科学和现代思想。19 世纪的变革形成了一个让我们享有巨大自由和掌控权的世界，但在情感上，我们并未感到充实或意义感。古人在很多事情上显然是错误的，但他们的很多想法，尽管在事实上并不准确，却有着重要的意义感，比如让人们联结在一起。而我们并没有填补这一空白。事实上，我们通过超个人主义极大地扩大了这一空白。但是，我们在生理上无法跟上这一进度。拥有几百万年历史的生理机制仍然需要有意义的联结，这就是为什么一个新故事对于我们的健康和幸福有如此大的影响。与其说孤独是一种个人痛苦，不如说它是一种文化病态。

你不用对我皱眉头。这一章并不是什么勒德派①的号召，也不是反资本主义的呼吁。现代世界以及对于个人自由和掌控权的重视给我们带来了几乎无法估量的好处。我们不能也不应该回到过去，但这并不意味着我们在这场转变中没有失去一些东西，一些我们迫切需要的东西。这些新想法非常理性，但人类的需求并不总是那么理性。几千年的物质匮乏让我们产生了摆脱依赖的强烈愿望，但我们可能做得过了头。当我们真正需要的是社区团体间的相互依存时，我们却走向了彻底的独立。我们需要的是，既感觉自己是自由的，又可以和他人肩并肩地站在一起。

---

① 19 世纪英国民间对抗工业革命、反对纺织工业化的社会运动。——译者注

在西方世界之外，许多人仍然通过共同的故事和意义与周围人联结在一起。但是我们的新故事，尽管有其客观的好处，却让我们付出了沉重的代价。正如作家塞巴斯蒂安·容格写道："许多跨文化研究表明，尽管现代社会在医学、科学和技术方面有着近乎奇迹般的进步，但是它有着人类有史以来最高比例的抑郁症、精神分裂症、亚健康状态、焦虑情绪和慢性孤独感。随着一个社会的富裕程度和城市化程度的提高，抑郁症和自杀率往往会上升，而不是下降。"讽刺的是，现代进步为我们提供了战胜疾病的疫苗，但让保持社交距离的文化变迁所带来的痛苦比几个世纪前要大得多。

我们曾经因为生存需求而被迫在一起，但现在我们富有了，不再需要为了生存而彼此联结。我们想要更多的自由和掌控权，这无可厚非。就像核反应一样，我们打破了联结，向世界释放了巨大、实用的能量，但如果我们不小心，核反应会变成切尔诺贝利事故。我们需要一些联结纽带。哈佛大学的罗伯特·怕特南表示，1964 年，77% 的美国人同意"大多数人可以被信任"的说法。到 2012 年，只有 24% 的人这样认为。

重要的是，我们现在是如何应对这个问题的？

我给你一个小提示，我们的应对方案没有那么好……

第 17 章
枕头女友

　　这不亚于一场旋风式的浪漫。尼桑第一次与内穆坦对视是在东京的一个漫画展览会上。没过多久，两人就一起去海滩玩儿了。然后他们去了京都、大阪共度周末。他们一起拍情侣照，照片里两人傻傻地笑着。转眼间，尼桑和内穆坦已经在一起 3 年了。正如尼桑告诉《纽约时报》的那样："因为她，我有了那么多美妙的经历。她彻底改变了我的生活。"

　　哦，顺便说一下，内穆坦是一个枕头。更准确地说，是一个印在枕头套上的二维动画人物（是的，我知道，这件事儿马上就变得古怪起来）。内穆坦是一个比基尼动漫人物，来自电子游戏《初音岛》。尼桑拥有 7 个印着她的枕头套。他在办公室里放了一个，供他晚上加班时使用。"她很适合陪着你在办公椅上睡着。"

　　对不起，女士们，尼桑已经心有所属了……

　　好吧，这么说可能不太厚道。面对这种事情，人们很容易说出刻薄的话。关键是，他不是一个人。爱上 2D 人物正在成为一种趋势，而且不限于枕头套。《爱相随》是一款在日本很流行的电子游戏，在这个游戏中，玩家可以与虚拟女友互动。浪漫的电子游戏在日本正成为一项大生意。仅在 2016 年，市场头部游戏带来了超过 1 亿美元的收入。

尼桑可能是一个比我还好的男朋友。他每周五晚上和内穆坦出去唱卡拉 OK，还会一起拍可爱的大头照。而科乐美①——一家制作约会模拟游戏的公司——甚至组织了一个夏季海滩大会，让玩家可以与他们的虚拟女友共度周末。社会学家山田昌宏报告说，12% 的受访年轻人曾爱上过动漫或电子游戏中的人物。

虚拟爱情市场的受众并不局限于对社交不知所措的男性，游戏版的《小镇狂夫》②已经出现。针对女性玩家的《少女游戏》基本上是互动式的爱情小说。与约会模拟游戏不同，它们是由魅力十足、占支配地位的俊男组成的数字世界。而且，这也不是一时风靡。在 2014 年，超过 2200 万名女性玩过 Voltage 公司③的浪漫游戏。这些游戏也不只是在日本流行。2015 年 11 月，Voltage 公司的两款游戏闯入了全美销售额最高的 30 个应用程序榜单。这可能引起了你心中最大的问题：

这到底是怎么回事儿？

2020 年的一项学术研究的标题很恰当——"哪些因素吸引人们玩浪漫电子游戏"。这项研究发现，只有一个心理因素与打游戏的欲望有关，那就是孤独。在一次又一次的采访中，当被问及他们的数字化爱情时，玩家既不谈论美貌，也不提及性感的身材，他们只会谈到渴望有人陪伴、被人接纳，希望有人能每天对他们说"早上好"和"晚安"。

在 2002 年和 2015 年之间，在 20 ~ 24 岁的日本女性中，未婚和

---

① 日本著名电子游戏制作公司。——译者注

② 1996 年上映的美国电影，电影中有将丈夫送入机构进行治疗以使其变得温顺的情节。——译者注

③ 日本一家主打女性市场的手机游戏公司。——译者注

无伴侣的比例从 38.7% 上升到 55.3%。同时期的同龄男性的比例则从 48.8% 上升到 67.5%。

好吧,所以他们需要走出去,多约会。但问题是,这似乎不是问题所在。日本政府的一项调查发现,37.6% 的年轻人并不想要浪漫伴侣。为什么?大多数人说这太"麻烦了"。真正的爱情似乎太难了,风险也太大。日本男性说他们不想要真人关系中的 mendokusai("麻烦")。他们的女性同胞也同意。当谈到《少女游戏》的好处时,一位女性说:"这是一个理想的爱情故事,它没有情敌,也没有悲伤的结局。"

他们想要毫无阻碍的掌控力和便利,而这只能来源于技术,来自一个不是人的"人"。虚拟伴侣不会有不合理的期待。他们不会拒绝你、抛弃你,也不会让你感到焦虑。如果出了问题,你可以重新开始游戏,不会有令人难堪的分手对话。整个过程没有悲伤,你甚至会得到一些额外的好处。

不,我可不认为大多数人能够在床上用品区的枕头货架上找到未来的灵魂伴侣,但这与《拓麻歌子游戏》①的无害消遣有很大不同,因为我们正处于"孤独病"的大流行之中。但更令人担忧的是,我们试图解决这个问题的新方法似乎并不能给我们带来长期的满足和幸福。

为什么我们一直在拥抱技术,而不是拥抱彼此?

*　　*　　*

---

① 日本万代于 1996 年推出的一款掌上电子宠物游戏。——译者注

孤独感很糟糕，而受欢迎的感觉很棒，真的很棒。小时候受欢迎会对几十年后的生活产生巨大的影响，而且是以令人吃惊的方式。北卡罗来纳大学教堂山分校心理学和神经科学教授米奇·普林斯坦的研究表明，受欢迎的孩子在学校的表现更好，成年后拥有更美满的婚姻、更好的人际关系，能够赚更多的钱。他们也更快乐，其寿命更长。与智商、家庭背景或心理问题相比，受欢迎程度更能预测这些积极结果。那么不受欢迎的人呢？你猜对了，他们患病、抑郁、滥用药物和自杀的风险更大。

在我挑起校运动员和"书呆子"之间的"斗争"之前，我得提醒你们注意，"受欢迎"分为两种。第一种是由地位带来的"受欢迎"。地位是指权力、支配力和影响力。想想高中时的那些"酷小孩儿"，他们通过一些不光彩的手段来获得地位，比如霸凌。"主动进攻"不会让你人见人爱，但不幸的是，它确实能提高地位。

不管你喜欢与否，我们天然都对地位有一定的渴望。我们都希望能成功地实现心理学家所说的"外在目标"：权力、影响力和掌控权。这是根深蒂固的。在功能性磁共振成像研究中，当我们想到地位高的人时，大脑的"奖励中心"会亮起来。而当我们认为别人把我们看作地位高的人时，这些"奖励中心"就更亮了。这不无道理，因为高地位能够赋予我们渴望得到的掌控权。通过调查，你会发现一半以上的情况下人们会选择地位而不是金钱。他们宁可在别人拥有 1 美元时拥有 2 美元，也不愿在别人拥有 4 美元时拥有 3 美元。

但问题是，从长远来看，地位并不太能带来满足感（这真是"书呆子"发起的复仇）。弗吉尼亚大学的乔·艾伦在"酷小孩儿"中学毕业后对他们进行了长达 10 年的跟踪调查，发现他们滥用药物的问题更多，人际关系糟糕，还有犯罪行为。而且这种效应在世界各地都能见到。专注于地位、权力和"外在目标"并不能带来好的结果。

这种问题不仅仅发生在 13 岁的孩子身上。拥有终极地位是什么感觉？是成名吗？学术研究证实了另一条格言：高处不胜寒。一项"作为名人：名誉现象学"的研究表明，虽然我们大多数人都想出名以获得更多的爱戴，但讽刺的是，出名会让我们更孤独。名人不得不筑起高墙，以应对大量的关注。别人总是想从你身上得到些什么，这使你很难信任他人。朋友们也会对你心生嫉妒。因此，被所有人喜爱往往会产生作家们所说的"情感孤立"。这会带来在中学"酷小孩儿"身上所看到的相似的结果。名人的酗酒率几乎是普通人的两倍，自杀率是普通人的 4 倍以上。祈祷你永远不会拥有沃霍尔所说的 15 分钟吧[1]。

为什么追求地位和"外在目标"常常导致问题？因为通常有得就有失。在拥有高低位的人群中，只有 35% 的人被认为是"可爱的"。当我们把时间用于获取权力和控制力时，我们便没有在关注"内在目标"，比如爱和联结。为了维持地位，我们可能会做一些与创造良好关系完全背道而驰的行为，比如霸凌。而被喜欢则意味着让出权力。

这就把我们引向另一种受欢迎的类型：讨人喜爱。这是关注"内在目标"的结果。讨人喜爱的人可能不像地位高的人那样有影响力，但在他们的身边时，我们会信任他们，感到温暖。这些人心地善良，

---

[1] 美国艺术家安迪·沃霍尔曾说："未来，每个人都有机会成名 15 分钟。"——译者注

有合作精神。而这种受欢迎的类型会带来幸福。罗切斯特大学教授爱德华·德西根据研究总结说："尽管我们的文化非常看重财富和名声，但追求这些目标对拥有令人满意的生活并没有什么帮助。让你生活幸福的事情是，作为个体获得成长、拥有充满爱的人际关系，以及对社区做出贡献。"我列举的受欢迎所带来的好处的统计数字是关于哪些人的呢？对，这些数据来自讨人喜爱的人，而不是有地位的人。瑞典的一项调查曾对 1 万多个孩子进行了长达数十年的研究，结果显示，更多时候，是讨人喜爱带来了长期的幸福和成功。

这与我们之前在文化层面上讨论的内容相似。我们追求个人主义式的掌控力，这给了我们很多权力，就像地位一样。但它也会割裂人际联结，不会像讨人喜爱和拥有爱你的社区那样让你满足。所以，整个社会都在进行地位与讨人喜爱的死亡竞赛。你猜怎么着？讨人喜爱和"内在目标"并没有获胜。

你希望你的女儿长大后成为什么样的人？首席执行官？参议员？耶鲁大学校长？在一项由 653 名中学生参与的调研中，这些选项输给了"给非常有名的歌手或电影明星当私人助理"，后者获得了 43.4% 的票数。

现今的年轻人想要出名胜过一切。2007 年皮尤研究调查了 18～25 岁的美国人，发现"这一代人的首要目标是财富和名声"。我们也可以从媒体上看到这一点。1983 年至 2005 年间没有关于孩子成名的电视节目，而 2006 年后，迪士尼频道近 50% 的节目是关于这个主题的。

在当今的个人主义文化中，地位正在成为自我价值的同义词。正如米奇·普林斯坦所指出的，这可不是一个很好的幸福秘诀。但是，它是自恋的秘诀。2010 年，一项针对 1.4 万名大学生的研究指出，在过去的几十年里，人们的同理心下降了 40%。而另一项名为"随着时间的推移而自我膨胀"的研究发现，在类似人群中，自恋人格指数的得分在 1990 年至 2006 年间提高了近 50%。在 21 世纪，自恋狂的增长速度与肥胖人士一样快。

当我们感到与他人联结时，掌控力就不那么重要了，因为我们会觉得得到帮助非常容易。但当我们感到孤独时，大脑对威胁的扫描速度是原来的两倍，我们需要控制周边的环境以获得安全感。在一个越来越个人化的世界里，这种对掌控力的迫切需求正在影响我们的关系。它不仅对我们处理关系的方式，还对我们选择的关系种类和形式产生影响，因为我们希望拥有我们可以掌控的关系。我们想要的不是社会关系，而是心理学家所说的"准社会关系"。

这个概念是 1956 年提出的，用来描述人们与电视角色发展出的假关系。研究人员科恩和梅茨格写道："电视节目代表了完美的客人——招之即来，挥之即去的客人。"这种关系是以我们的准则建立的。它只有欢笑和温暖，不会产生与其他有自身需求的人打交道的痛苦。它不会让你失望，也不会找你借钱，当你感到厌烦了，你把他们切断就行了。麻省理工学院教授谢里·特克尔说，这种关系"提供了陪伴的幻象，但不会提出建立友谊的要求"。

令人震惊的是，这些准社会关系非常强大。2007 年发生了一次电视编剧罢工事件，很多节目暂停发布新的剧集。对于那些与他们最喜欢的虚构人物建立了很强的准社会关系的观众来说，这么做在情绪上产生了什么影响呢？2011 年的一项研究直截了当地说：这就像一场分手。

就像为获得地位而花费的时间会偷走你为了讨人喜爱而投入的时间一样，你猜猜看电视的时间从哪里来？没错，来自与真实的人相处的时间。但看电视并不像真正的社会交往那样令人满足。长时间看电视的人幸福感更低，焦虑程度更高。这就像用空有热量而没什么营养的垃圾食品来取代丰盛的晚餐。但这不仅仅是个人问题，它在整个 20世纪中演变成一个社会性问题。

除了它不是小说外，哈佛大学教授罗伯特·帕特南的《独自打保龄：美国社区的衰落与复兴》是你能读到的最好的反乌托邦的"科幻小说"。帕特南一丝不苟地详述了美国社区生活在 20 世纪最后 1/4 的时间中的衰退过程。1985 年至 1994 年间，参与社区生活的人数下降了45%。没有人有时间参加保龄球联盟和童子军了。人们花在家庭晚餐上的时间减少了 43%，邀请朋友来家里的时间减少了 35%。帕特南写道："几乎所有形式的家庭团聚在 20 世纪最后 1/4 的时间里都变得不那么普遍了。"他认为最主要的罪魁祸首是谁？是电视。

如今是 21 世纪了，我们对准社会关系的渴望没有改变，但科技改变了。上文提到的研究表明，电视角色的消失就像与伴侣分手一样。那么猜猜看，当智能手机响铃或振动时，你能从功能性磁共振成像中看到什么？不，不是那些可怕的"成瘾"迹象，而是陷入爱情中的大脑。你对 iPhone 的反应就像你对男朋友或女朋友的反应一样。

科技并不像一些人说的那样天然邪恶。真正的问题是，就像电视一样，我们总是用科技时间来取代面对面的互动和社区活动。斯坦福大学的诺曼·尼说："每发送或接收一封个人电子邮件，与家人相处的时间就会减少近 1 分钟。以平均发送和接收 13 封个人电子邮件计算，这相当于每天减少 13 分钟的家庭时间，或者每周减少约 1.5 小时的家庭时间。"巧克力蛋糕并不邪恶，但如果你 50% 的饭菜都是巧克力蛋糕，这可不是一个好主意。利用科技来开实时会议是个不折不扣的好办法，但如果它完全取代了面对面互动，我们就不会有紧密的联结，而是会离彼此越来越远。现在，我们花在电子设备上的时间比我们睡觉的时间还要多。

所有这些紧盯屏幕的时间为地位和外在价值带来了飞轮效应。在 1967 年至 2007 年期间，人们对名声、金钱和成就的关注明显增加，但在 2007 年之后，它才算是真正地爆发了。2007 年发生了什么？ iPhone 横空出世了。就像帕特南注意到社区生活的衰退可以归因于电视一样，作者杰克·哈尔彭说，随着数字技术的兴起，这种趋势只增不减。从 1980 年到 2005 年，美国人邀请朋友到家里的次数减少了一半。1975 年后的 30 年间，参加俱乐部活动的人数减少了 2/3。而且我们严重缺乏野餐——在同一时期，外出野餐的次数减少了 60%。

著名的生物学家 E. O. 威尔逊曾经说过："人们必须属于一个部落。"如今许多人在哪里找到他们的部落呢？在电子游戏里。患有网络成瘾症的人偏爱哪类游戏？心理治疗师希拉里·卡什告诉约翰·哈瑞："多人游戏非常受欢迎，在这种游戏里你可以成为公会（团队）中的一员，然后你可以在这个公会中提升自己的地位……它的实质就是部落主义。"但是在线社区和线下社区是不能互换的。当保拉·克莱姆和托马斯·哈迪研究在线癌症支持小组时，他们发现 92% 的参与者有抑郁症状。但在线下团体中，有多少人抑郁？没有人。报告显示，"传统的癌症支持小组可以帮助人们应对癌症，但互联网癌症支持小组的功效还有待证明"。用在线互动取代面对面接触很容易，但无法建立同样的联结。心理学家托马斯·波莱发现，"……在即时通信工具上或在社交网站上花费更多时间不会增强感情上的亲密关系……"

这是一个双重打击。当我们把更多时间和精力投向并不太令人满足的线上联络时，我们会降低自己与他人联结的能力。还记得年轻人的同理心减少了 40% 吗？这是因为什么呢？作为研究小组成员之一的爱德华·奥布赖恩说："在线上交'朋友'的便利性会让人们在不想回应别人的问题时，更容易对其置之不理，这种行为会延续到线下……再加上受名人'真人秀'所影响的过度竞争氛围和对成功的过分期望，导致整个社会环境变得不利于放慢脚步，带着一点同理心去倾听别人。"

你可能在想，我们永远也没法变好了，这会儿能够让人联结上的唯一东西就只有手机充电器了。不是的。麻省理工学院的谢里·特克尔提及了另一项关于年轻人的研究。他说："在没有手机的情况下，经历短短 5 天的露营后，参与者的同理心水平就会回升。为什么会这样？因为营员们会互相交谈。"

我不知道你的情况怎么样，但我可不能让自己与他人的联结能力进一步退化了。我的社交能力在学前班时达到顶峰。今天早上，我输入了 3 次验证码都没有成功，一整天下来我都觉得自己是个机器人了。科技给我们带来了巨大好处，但它也吞噬了我们作为群体一分子与他人相处的时间。被认为是现代计算机发明人之一的康拉德·楚泽说："计算机变得像人类所引发的危险不如人类变得像计算机所带来的危险那样大。"

我们现在既没有社区生活，也没有独处时间。我们永远在线，却从不感到满足。科技和社交媒体并不邪恶，但当它们取代真实的社区生活时，我们就有麻烦了，因为我们得不到所需要的有意义的联结。我们不能真正感觉到是"和他人在一起"或者是"某个团体的一部分"。我们的控制权和自主权不允许我们拥有任何形式的集体身份。

如果明天所有的智能手机被一场电磁脉冲爆炸毁了，也不会解决这个文化问题。我们会用技术、地位和掌控力来填补空缺，因为我们别无他法。心理学家斯科特·巴里·考夫曼说："对权力的渴求是为了摆脱孤独。然而，权力永远不会像爱那样令人满足。"

在内心深处，我们仍然是非洲大草原上的智人。他们需要什么？嗯，确实有那么一个答案。通过探索从我这个科普作家口中说出来的显得非常疯狂的东西，我们将了解这个答案……

我们需要了解一下治愈系水晶和光环，以及其他会让我嗤之以鼻的东西（天哪，我为伪科学说了好话。如果你仔细听，就可以听到我心碎的声音）。不，它们应该不起作用，它们都是胡说八道。但在这些垃圾中，我们将找到现代世界变得如此问题重重的原因，以及我们在哪里可以寻得希望，来创造我们急需的未来……

第18章
神奇的安慰剂

这一切都始于一块波斯地毯。病人把它作为礼物送给特德·卡普特丘克，因为特德"治愈"了她。特德落落大方地接受了礼物，尽管她说的话他一个字都不相信。特德不是外科医生或肿瘤专家，也不是医学博士，他只是调制草药和做针灸而已。

特德是一个真诚且通情达理的人。他相信自己的工作能在一定程度上使病人好受一些，这就是他为什么要做这些工作。但这个女人说他治好了她本来需要手术的卵巢疾病。正如特德告诉《纽约客》的那样："针灸或草药对那个女人的卵巢没有任何作用，它们一定是某种安慰剂，但我当时从来没有注意过安慰剂效应。"

几年后，特德被邀请访问哈佛大学医学院。他们正在探索基于替代医疗的潜在新疗法，并希望听到他的见解。这是特德第一次正式接触安慰剂效应。这种效应是如此明显，以至于它经常比被测试的药物还要有效。这让医生们很生气，因为它碍手碍脚。特德很困惑：既然我们正在试图减轻病人的痛苦，而这能减轻他们的痛苦，你们为什么还讨厌它？

就在那时，特德知道了他将在余下的职业生涯中做什么了。他想通过了解这个"讨厌的东西"来帮助患者，因为它给许多人减轻了痛苦。特德说："我们一直在努力提高药物效果，但没有人努力增强安慰剂效应。"他认为我们忽视了医学中最强大的工具之一。因此，特德致力于向医生说明他们一直在犯的错误。

这并不容易。他必须在科学上证明这一点，否则没有人会听他的。他没有医学博士头衔或者其他专业的博士学位。他对如何进行临床研究和研究所需的统计方法一无所知，所以他必须学习……

电影《洛奇》① 的主题曲响起……

特德请求哈佛大学的顶尖医学统计学家将他纳入他们的羽翼之下并传授他知识。从原来的草药和针灸到要学习的严谨的数学，特德面临着巨大的困难，但他非常投入，很努力地工作。当他开始领导研究项目时，特别是当他开始看到结果时，这种努力得到了回报。他并没有疯。安慰剂效应不能杀死病毒或切除肿瘤，但它有着让人难以置信的力量，它可以让"真正的"药物变得更有效。

他将偏头痛患者分成 3 组。第 1 组收到的安慰剂装在一个标有"Maxalt"（FDA 批准的一种偏头痛药物）的信封里。第 2 组从标有"安慰剂"的信封中得到了真正的 Maxalt。第 3 组则从标有"Maxalt"的信封中得到了 Maxalt。结果是什么？服用标有"Maxalt"的安慰剂的被试中，有 30% 的人感觉更好。而服用标有"安慰剂"的真药的被试中，有 38% 的患者的症状得到了缓解。从统计学的角度来看，两组结果没有太大区别。在缓解疼痛方面，安慰剂与药物竟然一样有效。但这并不是最重要的观察结果。服用标有"Maxalt"的 Maxalt 的被试中，

---

① 1976 年在美国上映的电影，由史泰龙主演。影片讲述了一个寂寂无名的拳手洛奇获得与重量级拳王阿波罗争夺拳王的故事。后诞生了以洛奇为主角的拳击系列电影。——编者注

有 62% 的人感觉更好。这比在不同标签下的同种药物效果好 24%。所以，为了获得最佳疗效，你需要最大限度地发挥安慰剂效应。

特德知道了自己以前的工作是如何帮助人们的。特德给一组病人提供了针灸治疗，给另一组病人提供了"假"针灸治疗（在被试看来是一样的，但针头并没有刺入身体），两组病人都报告了相似的改善结果。这说明，特德的针灸并没有"真正"缓解症状，但安慰剂效应做到了。

当然，特德的研究遇到了阻力。但现在他可以用严谨的研究结果来回击了。他说得很清楚，自己并不是在说安慰剂效应可以治愈癌症或修复骨折，而是可以证明，当涉及疼痛、焦虑和提高"真正"的治疗效果时，安慰剂确实对病人产生了生理影响。

特德展示了这不是魔术，也不是造假。纳洛酮是一种阻断阿片受体的药物，通常用于治疗海洛因吸食过量。但纳洛酮也会阻断人体的天然阿片剂，即内啡肽。猜猜看，当你给人们服用纳洛酮时还会发生什么？安慰剂效应不再起作用。所以安慰剂不是多维量子水晶治疗魔法，而是一个正常过程，它以现代医学尚未了解的方式利用了人体的天然止痛药功能。安慰剂效应的影响可能是深远的。

没过多久，这个没有医学博士学位的家伙就获得了美国国立卫生研究院的资助以推进他的研究。但现在困扰特德的是，尽管他知道安慰剂效应是真实有用的，他仍然不确定它如何和为何发挥作用。而且他在数据中发现了一些奇怪的结果，这些结果告诉他这个"兔子洞"①

---

① 用来描述陷入一个愈发奇怪、令人摸不着头脑或出人意料的状况，表达一种掉进无底洞的感觉。——编者注

比他想象的还要深……

一天吃 4 颗安慰剂比吃两颗效果好。蓝色的安慰剂药丸在改善睡眠方面优于其他药丸，而绿色的安慰剂药丸可以减轻你的焦虑。而且，安慰剂胶囊的效果胜过安慰剂药丸，注射安慰剂的效果甚至更好。还有，昂贵且有品牌的安慰剂胜过廉价的普通安慰剂。咦？提供的（非活性）物质是相同的，为什么给药方法会产生如此大的差异？这其中最疯狂的结果是什么？安慰剂甚至在被标明是"安慰剂"时仍然起作用。也就是说，你可以告诉人们药是假的，但他们仍然会感觉好一些。

这时，特德意识到即使在提供替代药物治疗时，他也是一个出色的治疗师。安慰剂效应与仪式相关，它关乎病人的信念，即相信自己会好起来。注射剂看起来比药片更严肃，所以它会提升安慰剂效应。品牌名称和昂贵的价格凸显了合法性，于是安慰剂效应进一步提升了。但这并不是欺骗。来自医生的更多同情、关注和关心也能传递同样的力量。特德的一项研究表明，在没有接受治疗的情况下，28% 的病人的症状在 3 周后得到了缓解，他们自己就会好起来。但是，44%的病人在接受假针灸治疗后，病情也有所好转。仪式和关注都产生了积极的作用。当假针灸与真正表现出关心的医生相结合时，情况会怎样呢？当医生被要求与病人进行 45 分钟的谈话时，情况又会如何呢？66% 的病人感觉好多了。关怀具有剂量依赖性效应。

虽然安慰剂并不能杀死埃博拉病毒或取代心脏搭桥手术，但我们有多少次是因为严重疾病去看医生的？有多少次只是为了减轻身体上的不适？"真正"的药物在安慰剂效应下效果更好。这意味着，当有人向我们表露关心时，"真正"的药物能够产生更好的治疗效果。

特德证明，虽然我们从科技进步中获得了巨大的收益，但由于忽视了同情心的力量，我们也在这条路上丢失了一些东西。匆忙的医生出诊会减弱安慰剂效应，减缓病人的康复速度。我们只是在口头上说要重视临床态度，但这种态度真的会对病人产生影响。我们当然要使用有"真实"效果的真药物，进行真手术，但辅以人为的"假"安慰剂效应，治疗的效果会好得多。这是有科学证明的。

特德已经20多年没有提供针灸治疗了，但他在新的角色中一直在应用当时获得的经验。2013年，特德被任命为哈佛大学医学院的全职医学教授。他仍然没有医学博士学位或其他专业的博士学位。他领导着哈佛大学的安慰剂研究与互助治疗项目，这是目前唯一一个专门研究安慰剂效应的项目，一个研究体现医疗科学中的人性的项目。

这就是特德的故事……

不过，故事还没有说完。我们还没有解释为什么安慰剂效应会起作用。如果把原因说成"医患关系能够治愈你"，这很好，很有诗意，完全适合本章的内容，但我写这本书可不是为了讲动听的故事。如果我们的身体可以消除疼痛，为什么它不这样做呢？为什么给人们带去温暖的感觉有时和"真正"的治疗一样重要呢？这背后的演化逻辑是什么？

不要把疼痛看作受伤的直接效果，而是把它看成汽车仪表盘上"需要维修"的信号灯。它告诉你有问题出现了，需要解决。你的身体可能会说："你需要停止正在做的事情，好好关心一下这里。"关心——正如我们看到的——就是安慰剂效应的核心。这就是为什么我们明知道是安慰剂，它也会起作用。当有人关心我们时，他们给予我们的关注越多，他们看起来就越有能力，使用的工具就越好。他们在我们身上花的时间越多，我们的身体就越能注意到。你的身体会告诉你这样一个新故事："有人在关心我，我不需要再对你喊痛了。我们现在安全了。"然后，"需要维修"的信号灯就被关掉。

孤独会增强我们对负面情绪的关注，因为你感到不安全，没有人来照料你。而且你的身体清楚，从历史角度看，这对智人来说非常糟糕。但安慰剂效应正好相反。它会说："有人来照顾我们了。后援已到达，我们现在安全了。"多达 66% 的接受治疗者说，他们甚至在接受第一次治疗前就感觉好些了，这是因为和医生做了治疗前的交谈。"后援正在路上，我可以把灯关掉了。"关爱可以治愈你——当我听到这种心灵鸡汤句子时，我通常会不受控制地翻白眼，但这在科学上是真的。

事实证明，安慰剂确实有一种活性成分，那就是人类相互关爱之心。

那么，在一个如此关注地位和外在价值，而很少关注关爱和内在价值的世界里会发生什么呢？人们变得抑郁。在过去的 50 年里，尽管我们在物质上取得了巨大的成功，但西方世界的幸福水平下降了，严重抑郁症的发病率在上升。根据美国国家卫生统计中心的数据，目前，23% 的 40 ~ 50 岁美国妇女在服用抗抑郁药物。

但是今天，我们把抑郁症的原因搞错了。我们非常迅速地认为抑郁症是化学失衡或其他内源性原因造成的。这绝对是一部分原因，但远远不是最大的原因。心理学家乔治·布朗和蒂里尔·哈里斯进行了一系列研究。研究显示，在没有患过抑郁症的女性中，有20%在生活中存在重大问题。而对于患上抑郁症的女性，这个数字是68%。是的，我知道，这个统计数字唯一令人惊讶的地方是没什么值得惊讶的。生活中的问题会让你难过，但有一个关键问题：导致抑郁症的不仅仅是坏事的数量，而是你生活中的问题和稳定因素的比例。你能从周围人那里得到多少支持？如果你遇到了大问题，却得不到支持，那么你患上抑郁症的概率高达75%。约翰·哈里在他的《走出焦虑》一书中谈到了这项研究结果，他说："（患上抑郁症）不仅仅是因为大脑出了问题，它是因为生活出了问题。"生活对抑郁症的影响在世界各地反复出现。

2012年一项关于抑郁症的研究得出结论："现代化的一般特征和具体特征与较高的抑郁症风险相关。"另一项名为"抑郁症和现代化：对女性的跨文化研究"的研究发现，物质条件最差的尼日利亚农村妇女最不可能患抑郁症，而美国城市妇女最有可能患抑郁症。西方国家的人们比以往任何时候更富有，但也比以往任何时候更抑郁。既然生活中的问题是不可避免的，那么这显然是一个与支持相关的问题。我们的生活方式没有让我们获得支持。

那么，我们对此做了什么呢？我们给了人们安慰剂。是的，我说的是百忧解这样的抗抑郁药物。2014年的一篇论文得出结论："……对公开数据和被医药公司隐藏的未公开数据的分析显示，大部分（如果不是全部）的药物作用来自安慰剂效应。"而另一项名为"把百忧解听成安慰剂"①的研究对 2300 多名被试进行了调查，发现大约 1/4 的药物反应是来自服用了活性药物，1/2 是来自安慰剂效应，其余 1/4 是来自其他非特异性因素。"这些论文的研究结果是否导致了整个科学界强烈抵制百忧解这类药物？并没有。

我并不是说大家都应该把抗抑郁药物扔进垃圾桶，药物确实能帮到人们。但对许多人来说，起作用的原因并非是我们以为的那样。对药物效果的最好的解释是，它们模拟了关怀——我们在现代社会中缺乏的关怀。但是，当有些人没有得到安慰剂，或者当安慰剂效应还不够的时候会发生什么？他们会更直接地解决缺乏关爱的问题——通过使用非法药物。

我们都知道实验室的老鼠疯狂地按下杠杆以获得更多药物的故事。西蒙弗雷泽大学的心理学教授布鲁斯·亚历山大想知道成瘾是否是它们这么做唯一的原因。他意识到，所有这些实验中的啮齿动物都是孤独的。当你把老鼠放在一个有朋友和玩具的笼子里，并创造一个"鼠托邦"时，会发生什么？它们不再想要药物。独自一人时，老鼠使用了 25 毫克药物。在"鼠托邦"中，它们使用了不到 5 毫克药物。在被单独监禁时，它们当然会想要使用药物。

埃默里大学的神经科学家托马斯·因泽尔写了一篇论文，题为"社会依恋是一种成瘾性疾病吗"。答案是肯定的。我们会对其他人上

---

① 百忧解英文为 Prozac，安慰剂英文为 placebo，两者发音有相似之处。——译者注

瘾。而药物滥用利用相同的多巴胺通路，在大脑灰质中模拟出类似的结果。还记得阿片受体阻断剂纳洛酮是如何消除安慰剂效应的吗？它还能消除宗教仪式带来的情感纽带效应。当我们身处社区时，我们能获得补给来满足我们的"瘾"，而当社区不再存在时，我们就得从其他渠道获得补给了。

让我们考虑一下相反的情况。在一个个人主义不占优势的世界里，会发生什么呢？在那里，获得地位和外在价值不仅仅是次要的，而且暂时消失了。我再加大点力度。当我们经历战争和灾难时，当事情从客观上来说糟糕透顶的时候，又会发生什么呢？

答案是，我们会回归人类的本性。也许你认为这是一件坏事，人性都是达尔文式的残酷，特别是在我描述了目前状况的所有可怕之处后。平心而论，到目前为止，我对达尔文的指责有点过头了。适者生存、残酷竞争、现代个人主义和可怜的乔治·普赖斯的故事可能都体现了残酷的一面，但这并不是进化的全部面貌。

再问你一个问题，你认为为什么我们是这个星球上的主宰者？是因为我们是最聪明的人吗？不是的。尼安德特人是最聪明的。他们的大脑比你的大脑大15%。最近的发现表明，他们使用火，拥有音乐、洞穴壁画等文化。看起来我们智人从他们那里学到了一些东西，比如使用工具。那我们为什么会胜出呢？

我们成了地球生命的"霸主"，是因为我们是最善于合作的。这就是我们物种的成功故事。作家鲁特格尔·布雷格曼说："如果尼安德特人是一台超高速计算机，那我们就是一台有无线网络的老式计算机。

我们的速度慢，但连接性更好。"

正如本书第一部分所讲述的，我们不擅长识别谎言。但在识别谎言方面的弱项意味着我们作为集体的强项。我们默认相互信任，一起合作。当一个尼安德特人说"去他的，我要拍屁股走人了"的时候，我们仍然坚持在一起。斗转星移，即使在事情最糟糕的时候也可以合作与互助的能力让我们胜出了，而尼安德特人输了。尽管他们有着更大的大脑，但尼安德特人只能在 10 ~ 15 人的部落中一起合作，而我们的协作超能力能够使我们的队伍超过 100 人。你可以想象那些战斗是如何进行的。如果你仔细阅读达尔文的文章，就可以看出他并不是不知道这一点——"那些拥有数量最多的最具同情心成员的社区，会发展得最好，孕育出的后代数量也最多"。

人们容易认为，当事情陷入最糟糕的客观状态时，比如在战争和灾难中，人类会变得"人人为己"。但事实并非如此。社会学家查尔斯·弗里茨在 1959 年做了一项研究，采访了 9000 多名灾难幸存者。他发现当现代社会陷入灾难时，我们又回到了合作的自然状态。社会地位被暂时搁置，我们会忽略关于政治、阶级和宗教的争吵。"快点拎起那个桶，现在可没有时间关注这些事情。"我们对什么是重要的事情有了清晰的认识，而这在日常生活中似乎是不可能的。在生死攸关的时刻，什么才是真正有意义的才变得明显起来。

如果你有问题了，那是你的问题。但如果我们都有问题了，比如发生海啸，或有敌人入侵，那么这些就是我们共同的问题。我们是一根绳上的蚂蚱。弗里茨写道："广泛分担的危险、损失和匮乏会让幸存者产生亲密的团结感……这种个人需求和社会需求的融合提供了一种归属感，以及在正常情况下很少实现的团结感。"于是，我们回归了本性——对联结需求的渴望比对舒适的渴望更强烈。当客观现实最为糟糕的时候，人类却处于最佳状态。

2005 年，卡特里娜飓风袭击了新奥尔良。占城市面积 80% 的地区被淹没，超过 1800 人死亡。人类是如何应对的？新闻中充斥着违法行为的报道。谋杀、抢劫和帮派统治上了头条新闻。但这些并不是事实。一个月过后，一项更深入的分析显示，"根据身处关键职位的官员所说，绝大多数关于灾民暴行的报道，包括大规模谋杀和殴打等都是虚假的，或至少是没有任何证据支持的"。丽贝卡·索尔尼特采访了曾经身陷困境的丹尼丝·穆尔，后者说："我们像动物一样被困住，但我从最不可能的地方看到了我所见过的最伟大的人性。"

特拉华大学的灾难研究中心回顾了 700 多项类似事件的研究，发现从总体上来看这种类型的反应是真实的。在这种时刻中，我们不会掠夺他人，而是会团结起来。鲁特格·布雷格曼引用一位研究人员的话说："无论发生抢劫的程度如何，它在广泛的利他主义面前总是黯然失色，这种利他主义让人们大量地提供和分享物品和服务，不求回报。"

当群体受到威胁时，我们会心甘情愿地做出牺牲，因为我们认为这不是牺牲。我们很高兴自己被别人需要，也很高兴能够做出贡献。当灾难来临时，更多的人走向灾难现场而不是选择离开。弗里茨写道："在数量和质量上，去往灾区的行动通常比逃离或撤离灾区的行为更可观。"而这是一种常态。亚当·梅布拉姆向丽贝卡·索尔尼特讲述了他在"9·11"事件中的经历。他说："他们没能吓唬我们。我们很平静。如果你想杀了我们，就别管我们，因为我们会自己动手。如果你想让我们更强大，那就攻击我们，因为我们会团结起来……"

当我们团结一致时，我们不需要安慰剂。我们给予关怀，也得到关怀。在战争期间，精神病患者的入院率下降，这种现象已被多次记录在案。20 世纪 60 年代，在贝尔法斯特发生骚乱时，在暴力事件发生最多的地区，抑郁症数量也急剧下降，而在没有暴力事件的地区则上升了。在《身心研究期刊》中，H. A. 莱昂斯写道："建议将暴力作为改善心理健康的手段是不负责任的，但对贝尔法斯特的研究表明，如果人们更多地参与社区生活，他们的心理感受会更好。"

也许最令人震惊的是，这种时候我们往往是快乐的。著名的人道主义者多萝西·戴在写到 1906 年旧金山被地震摧毁后的生活时说："我记得最清楚的是灾难发生后每个人展现出的温暖和善良……当危机持续时，人们彼此相爱。"

而讽刺的是，在威胁平息后，我们会怀念它。不是怀念痛苦或苦难，而是怀念社区生活。塞巴斯蒂安·容格在萨拉热窝战争发生的 20 年后采访了记者尼扎拉·艾哈迈塔谢维奇，问她当时他们是否更幸福。她回答说："当时的我们是最幸福的，而且我们笑得更多。"她接着说："我确实怀念战争中的一些东西。但我也知道，如果有人怀念战争的话，这对我们生活的世界以及我们拥有的和平是非常糟糕的。但许多人确实在怀念战争。"

　　我不是建议我们去打仗，也不是建议我们都住进没有电的草棚里。显然，现代社会中有很多很多伟大的东西，我并不是要把自己打造成一个忧郁的炼金术士，把现代生活说成是一场空调噩梦[①]。作家詹姆斯·布兰奇·卡贝尔写道："乐观主义者相信我们已经生活在最好的世界里了，而悲观主义者却担心这是真的。"毫无疑问，当谈到社区生活和人生幸福时，从某些方面来说，我们是自己所获得的成功的受害者。人们很容易注意到现代生活的好处，但很难计算出在意义和社区生活方面我们失去了多少。

　　早期的人类生活经常面临灾难，没有他人的帮助我们就无法生存，个人主义几乎不在选项里。我们有无数的理由不让过去的这种生活重演。现在，我们不再需要相互依赖，但我们仍然想要互相依赖；我们已经不再需要彼此，但我们仍然需要彼此。尽管你的孩子的所有需求都得到了满足，你仍然会想为他们做些事情；尽管他们很安全，你仍然会想要保护他们；尽管食物很丰富，你仍然会想要哺喂他们。就算你的孩子拥有了他们想要的一切，你仍然会渴望完成照顾孩子的过程。这种文化似乎让我们相信，我们可以"解决"所有的需求并消除所有的需求，但事实上，我们仍然需要被需要。塞巴斯蒂安·容格写道："人类并不在乎艰苦，事实上，他们靠艰苦生存和发展。人类在乎的是不被需要。而现代社会很擅长让人们感到自己不被需要。"这是一场全球性的流行病，它提醒了我们许多人，人们之间的关系是多么重要。

[①] 这里引用了美国作家亨利·米勒 1945 年出版的《空调噩梦》一书的书名。本书主要体现了物质文明的不断扩张和精神家园不断遭受侵染的冷酷现实。——编者注

我们变得更聪明了，但也变得不那么明智了。这可不是陈词滥调的心灵鸡汤，它是科学的。智慧不仅仅是指原始的智商，它还包括对他人的理解。在对 2000 名不同收入水平的美国人进行调查时，研究人员发现越富有意味着越不明智。有钱不是什么坏事，但穷人相互依赖的程度更高，就像我们过去那样，在灾难中那样。而这正是科学家的发现——"社会阶层对智慧所产生的影响至少在一定程度上是由较低（社会经济地位）的参与者表现出的更大的相互依赖感造成的"。

还记得朋友是你的"另一个自我"吗？社区也是如此。有关自我扩展的研究发现，社区对群体也有同样的影响。当我们有归属感时，我们把别人看作自己的一部分。社区是"另一个自我"，"另一个朋友"。事实上，这种影响在某些方面更为强烈。2020 年的一项研究发现，当朋友们彼此联结时，我们从他们那里感受到的支持是最多的，且被 5 个不同的朋友支持，不如被 5 个互相相识的朋友支持。有朋友很棒，归属于某个社区则可以更棒。

我们可能会嘲笑阿米什人①，但对这一点他们比我们了解得更深刻。阿米什人并不是因为自己是勒德派而对科技避之不及。他们其实采用了一些技术，比如拖拉机。那他们是如何决定哪些技术能够采用，哪些不能呢？他们要看一种技术对社区亲密程度的影响程度。拖拉机帮助你种植庄稼，听起来不错。但汽车让人们住得更远，这可不太好。

---

① 阿米什人以拒绝汽车和电力等现代设施，过着简朴的生活而为世人所知。——译者注

当阿米什人成年后，他们会参加一种成人仪式。他们不必遵守规则，而是可以在现代社会中生活一段时间，让自己有机会看到世界的另一面。但是几年后，他们必须做出选择，是居住在现代社会还是阿米什的世界。超过 80% 的人选择返回家乡，成为阿米什人。值得注意的是，20 世纪 50 年代以来，选择阿米什人的生活方式的比例一直在增加。

仅仅是面对面的接触是不够的，我们需要一个社区。还记得与人接触带来的那些健康益处吗？心理学家朱莉安娜·霍尔特 – 伦斯塔德回顾了 148 项纵向研究，发现如果你是社区生活的一部分，7 年内的死亡概率只有相反情况的一半。社区因素对于健康是最重要的影响因素，而工作和网上联络则没有什么影响。只有与那些你真正了解并感到亲近的人在一起，你才能活得更久。

有社区就会有义务，但我们需要这种责任，就像为人父母就要照料孩子的责任一样。我们在自由的道路上走得有点太远了。我们希望有一条双向道路，因为拥有太多的掌控权并不令人感到满足。我们需要分享，需要被关心，就像我们需要关心别人一样。在最令人开心的职业名单中，大多数是具有助人性质的职业：神职人员、消防员、理疗师、教师。（作家也在其中，这真让人感到惊讶。）

我提出这些现代生活中的令人沮丧的方面并不是为了让你难过，我希望你能更快乐。但研究表明，如果你想变得更快乐，你很可能做不到。为什么？因为西方对于快乐的定义是个人主义式的。而且，正如加州大学伯克利分校的布雷特·福特所发现的那样，个人主义是行不通的。你的努力全都是关于你自己的，而我们知道这与数百万年来的人类本性不符。你全力以赴的事情是错误的，因为你的目标是错误的。更高的地位、更多的金钱、更绝对的掌控权、更少的义务是不会让你快乐的。顺便说一下，如果你住在亚洲，请忽略我刚才说的话。在那里，对快乐的定义更具集体主义色彩。为了更快乐，你需要努力帮助别人，你的努力也会更加成功。正如福特对约翰·哈瑞说的那样："越是认为快乐是一种社会性的东西，就越能感受到快乐。"你可以变得更快乐，但要想提升自己，你首先要考虑如何帮助他人。

希望本书的内容开始像战神金刚①那样组合到一起。在快到收尾的时候，我们需要对每个人是否是一座孤岛做出最后的判断。但在这之前，也许我们应该了解一个真正的岛屿，看看它如何诉说我们这个物种的故事……

---

① 20 世纪 80 年代美国的一部动画片，讲述了为了阻止邪恶帝国毁灭宇宙，5 个狮型机器人组合成一个巨大的机器人来守护银河系的故事。——译者注

第 19 章
麻风岛

他们被宣布在法律上死亡，其婚姻被宣布无效，所拥有的一切都被剥夺。但他们已经习惯了这些可怕的待遇，因为他们是麻风病患者。此处，这个词并不是个比喻 ①。

那是 1866 年，夏威夷地区正在"解决"当地的麻风病问题。由于害怕这种疾病，当局决定将病人流放到莫洛凯岛。总共有 16 人，其中只有 4 个人比较健康，有 2 个人病得很重。很快，另外 3 个人也会病入膏肓。

莫洛凯岛上没有医院，也没有照顾他们的工作人员。几乎什么都没有提供给他们，只有一些毛毯和他们甚至不知道如何使用的农具。食物只够他们维持几天的生活。岛上的小屋年久失修。如果说把他们丢在那里是让他们自生自灭，那是客气了。他们是被丢在那里等死。

而且他们互相之间并不认识，不是来自同一个家庭，也不是朋友。健康者根本没有理由去帮助那些病重的人。如果强壮的人把所有食物都留给自己，不浪费时间去照顾弱者，他们将大大增加自己的生存机会。如果把咸猪肉和硬面包只分给最健康的 4 个人，这些食物能够支撑他们数周。同时，他们还可以把时间和精力用于寻找或种植更多的食物。

只有对病人进行鉴别分类才能让这些人创造一个可以生存下去的

---

① 英文 leper 既表示"麻风病患者"，也表示"别人唯恐躲之不及的人"。——译者注

环境。是时候抛弃那些弱者了，因为他们是拖累他人的陌生人，会连累其他人死亡。这么做是唯一理性的做法……

但事实上，恰恰相反。

两周后，船回来了，不是为了提供援助，而是为了送来另一批被放逐的麻风病人。船员们被他们所看到的一切惊呆了……

小屋已经修好，庄稼也已经种下。篝火 24 小时不间断地燃烧着，给病人提供温暖。他们也找到了淡水。最强壮的人没有把食物据为己有，而是把所有的时间花在照顾弱者上。其他人负责做饭，维系他们创建的可持续生活。这个群体中的每一个人都还活着。

强者并没有做"理性"的事情，没有选择自私的生存。他们凭借本能——人类的本性——行事。他们做出了看似不理性的选择——关怀。

这是不是一个"稀有"的故事？并非如此。正如宾夕法尼亚大学教授保罗·鲁宾逊和萨拉·鲁宾逊在《海盗、囚犯与麻风病人》中所阐述的，在世界各地和整个历史上，这种应对方式在那些处于最危险境地的群体中一次又一次地出现。虽然并非总是出现，但是非常频繁。因为"非理性"的合作是我们作为物种取得成功的原因。

我们忘记了我们人类在这个星球上获得的"霸权"地位远非命中注定。12.5 万代智人在大部分时间里都生活在灭绝的边缘。最直接的证明是，如果我们没有经常合作，如果我们不曾赌一把，如果在似乎毫无意义的时刻我们没有伸出援手，那么很简单，你就不会坐在这里读到本书。

莫洛凯岛上的麻风病人隔离区是一个孤岛。但它可以证明的是，你和我不是。

*　　　*　　　*

那么我们由此学到了什么？

孤独很糟糕，而我们比以往任何时候都更孤独。与其说是因为缺乏人口，倒不如说是因为缺乏社区。孤独是件新事物，诞生于最近的个人主义文化故事。我们可以利用更多的有意独处时间来提高创造力，寻求智慧，触及自我。但是，我们可不需要像克里斯那样，花那么多的时间独处（哈佛大学临床心理学项目负责人吉尔·胡利认为克里斯有精神分裂型人格障碍。如果你没有，你应该比他需要更多的人际交往时间）。我们需要在社区生活和独处时间之间取得平衡，就像我们在19世纪以前一样，但现在我们对这两方面都没有给予足够的重视。

受欢迎是一件好事，但我们的文化选择了错误的受欢迎类型，那就是地位、权力和名声，而不是讨人喜爱。这通常不会带来什么好的结果，这也是为什么你的女儿更想成为明星助理，而不是 CEO。缺乏社区生活使我们的大脑灰质感到不安全，这让我们更想掌控生活和关系。而这也催生了我们与技术形成的准社会关系，这种关系没有让人感到满足。社交媒体并不邪恶，但由于我们经常用它来取代真正的人际关系和社区生活，它的危害超过了它的积极意义。马基雅维利曾说，如果你必须在"被别人爱"或"被别人怕"之间做出选择，那就选择

"被别人怕"。但你不是王子，所以，对不起，我们还是更需要"被别人爱"。正如佩珀代因大学心理学教授路易斯·科佐里诺所说："问题是，当你依赖爱的替代品时，你永远得不到足够多的爱。"请不要爱上一个枕头。

超个人主义社会让人们的幸福感下降，抑郁率上升。我们试图通过抗抑郁的安慰剂效应和阿片类药物的假性拥抱来应对，但这是行不通的。我们需要的是更多的社区生活，这是我们的自然状态。当灾难短暂地影响现代化时，我们可以看到人类是多么自然地行善与合作。当生活处于最糟糕的状态时，我们反而处于最佳状态。从卡特里娜到莫洛凯岛，我们一次又一次地证明了这一点。当对地位的需求被抛在一边时，我们有难同当。当集体面临麻烦时，我们不再重视个人的舒适，也不再需要强迫性的掌控力，我们为彼此做出牺牲。而且，令人震惊的是，在这些时候，我们的感受反而更好了。不过，我们不要等待灾难或战争的发生。我们可以从阿米什人那里吸取教训，并优先重视社区生活。正如有关安慰剂效应的研究告诉我们的那样，我们应该意识到有人在照料我们，我们并不孤单。不管我们承受着怎样的痛苦，我们都会得到援助。

那么对本部分中所说的格言的判断是什么？还需要我说吗？好吧，还是说一下吧。

"没有人是一座孤岛"是正确的。

19 世纪的革命性新思潮带来了很多好东西，但也导致了糟糕的事情发生。个人主义走过了头，社区生活缺乏营养，最终导致了我们情感上的坏血病。这就是可爱的"故事"主题重新登场的地方。故事是如何在社区中发挥作用的？李·马文说过："如果你觉得故事是关于你的，那么死亡就是故事的结局。"

而你不是故事中的唯一人物。

这个故事不是一出独角戏，也许它是一部小时剧 ①（或者在糟糕的日子里是一部情景剧），但如果整个故事没有完整的人物阵容，那将是一场悲剧。如果你有孩子，你可能不再是故事的主角，而是在未来的旅程中帮助主角成功的明智导师（那我呢？我只是个搞笑角色）。

在意识层面上，我们总在努力争取更多的自主权和掌控力，但在内心深处，唱"独角戏"并不是我们的本意，否则，安慰剂效应就不会起作用。你需要有人告诉你"一切都会好起来的"——英雄需要拯救他人，有时也需要被人拯救。

我们终于熬到了最后一章。你和我——我们做到了。

现在是时候解决最大的谜团了：什么是生命的意义？我们只剩下几页了，这个问题应该不会太难的，对吧？

让我们通过最后一个故事进入本书的结尾……

---

① 经典的五幕剧，时长约 1 小时。——编者注

有点类似于结束语的东西

乔瓦尼·博罗梅奥医生只是希望不再有人死去。1943年，一种致命的新疾病席卷了罗马市中他所生活的城区。人们称之为"K综合征"，因为没有人知道这是一种什么样的疾病。这种病传染性极强，感染者必须被单独关在一个上锁的病房里。

这种疾病的初期症状似乎与结核病相似，但其发展进程更为可怕，会导致各种神经系统症状，比如抽搐、瘫痪和痴呆。最后，病人会死于窒息。孩子们遭受的痛苦最为严重。当你靠近"K综合征"病房时，就会听到孩子们刺耳的咳嗽声穿透了空气，在大厅里回荡。

从来没有人见过这样的事情。潜在病原体还没有被确定，也没有治疗方法。当时，流行病学仍处于起步阶段，战争还在欧洲肆虐，因此没有任何人能前来援助。乔瓦尼最担心的是，如果这种疾病蔓延开来，不仅会危及他心爱的医院，而且会蔓延到罗马的其他地方。就在25年前，西班牙流感感染了5亿人，使世界人口减少了近5%。

情况很糟糕，而且在迅速恶化，但至少他所在的地方还不错。法特贝内弗拉泰利医院坐落在台伯河中的一个小岛上，它有着向蔓延的流行病宣战的传统。1656年，它与鼠疫作斗争；1832年，它的敌人是霍乱。它是一个避难所，医生致力于他们一直在做的事情：不惜代价，为拯救生命而战。

但是，疾病不是唯一的威胁。就算"K 综合征"不会杀死乔瓦尼，纳粹也可能会杀死他。他们会对医院进行搜查，而且不喜欢乔瓦尼的干涉。一些工作人员嘀咕说，他应该让纳粹分子按照他们的意愿搜查"K 综合征"病房，但乔瓦尼的初衷是拯救生命。虽然他憎恨纳粹，但他不会让他们送死。所以，他一再拒绝纳粹分子进入"K 综合征"病房。

有一次，情况变得异常激烈。乔瓦尼不知道他们是否会因为他的强行干涉而把他拖走。但当纳粹分子听到孩子们猛烈的咳嗽声时，他们改变了主意，转身离开了。

那是一个可怕的时期，乔瓦尼做了力所能及的事情。他只是希望不再有人死去。终于，战争结束了。纳粹分子没有杀掉他。作为一名好心的医生，他也从未让他们冒着生命危险进入"K 综合征"病房。而另一个奇迹是，乔瓦尼自己从未被感染过……

亲爱的读者，其实"K 综合征"并不存在。这只是一个故事，一个谎言。就像我说的，乔瓦尼·博罗梅奥医生只是希望不再有人死去——不再有无辜的犹太人死去。法特贝内弗拉泰利医院其实是一座避难所。

1943 年 10 月，纳粹围捕了罗马的一万名犹太人，并将他们运往集中营。犹太人的居住区就在法特贝内弗拉泰利医院的对面。少数躲过追捕的人来到医院里寻求庇护。乔瓦尼和他的同事接纳了他们。但是，人数多到了无法掩饰的地步，且源源不断地有人前来避难。如果不采取什么计划，纳粹就会有所察觉，所有人就会受到死亡的威胁。因此，他们创造了一个故事——"K 综合征"的故事。

正如医院的另一位医生阿德里亚诺·奥西奇尼后来在接受采访时

所说的:"我们为犹太人创建了这些病例,就好像他们是普通病人一样。在我们不得不说出他们患了什么病的时候,我们就说是'K综合征',意思是'我正在接收一个犹太人',假装他或她得病了,但其实他们都很健康。"

医生们被吓得不轻,但这并不妨碍他们找点乐子来缓解紧张气氛。"K综合征"中的K是什么意思呢?他们用当地纳粹指挥官凯塞林的名字的首字母为他们虚构的疾病命名。他们把这种疾病描述得可怕至极,并将"受害者"关在单独的病房里。这么做把纳粹吓得不敢进一步搜查。

有一次,情况到了万分紧急的地步,纳粹似乎就要逮捕乔瓦尼,并进入"K综合征"病房揭发这个"诡计"。但幸运的是,一位工作人员在病房里,开玩笑一般地鼓励孩子们尽可能大声地咳嗽,发出恐怖的声音。这起到了作用。纳粹分子可不想被传染上引发这些可怕咳嗽的病毒。

1961年,乔瓦尼在他治病救人的医院里去世。他没有死于致命的"K综合征",从来也没有人因此去世,而是有100多人因此活了下来。2004年,以色列犹太大屠杀纪念馆将乔瓦尼·博罗梅奥医生列入"国际义人"名单,因为他是一位英雄。

医生编造的故事是一个谎言。"K综合征"不是真的,但重要的是,它所拯救的生命是真的。

*　　　*　　　*

在本书的引言中，我向你承诺我将揭晓关于生命意义的答案。现在，我们几乎到了本书的结尾，所以是时候兑现我的承诺了。

从定义上来说，意义必须连接生命中的一切事物。在日常生活的表面之下，生命的意义激励着我们去做生活中的大部分事情。当我们的行为与它保持一致时，我们会感到快乐，当没有这么做时我们就无法感到快乐。

好了，铺垫得够多了。到底什么是生命唯一且真正的意义？

我怎么可能知道？听着，我知道你在期待一些摩根·弗里曼式的智慧，但我没在加州从事玄学的执照。当然，我有一吨的科研报告，但我没有通往永恒真理的热线号码。如果你问我生命的真正意义这类深奥的问题，我就会像商场里找不到妈妈的孩子一样茫然四顾。

我知道这不是一个令人满意的答案，但你真的不能怪我。我查了一下，"生命的意义是什么"这个问题其实很新。信不信由你，它第一次在英语中出现的时间是 1843 年……

嘿，等一下。19 世纪？和"孤独"这个词出现的时间一样？在那之前，意义是预先包装好的。我们有现成的故事来满足我们对"意义"的需求，所以那时我们不用费心提出这个问题。后来，崭新的个人主义思潮开始占据主导地位，科学蓬勃发展，百花齐放。它们为我们提供了关于物质世界的更好的答案，给予我们更多的掌控力，且大受欢迎。但是，它们没有填补因失去有意义的故事而产生的情感空虚……

不过，我们也许能够找到答案。让我们换个角度问下这个问题："什么因素能够预测生活有多大的意义？"2013 年的一项研究发现，这个问题有一个非常有力和明确的答案：归属感。

事实上，一项名为"归属感很重要：它会增强生命的意义感"的研究发现，归属感不仅仅和意义有关，它还能够引发生命的意义感。这可不是一次性的科学现象。这项研究的作者——佛罗里达州立大学教授罗伊·鲍迈斯特——的另一篇论文指出，对于归属感的需求是我们这个物种的"主要动机"。这项研究的结果没有遭到反对，而是被引用了 24 000 多次。

归属感——这就是为什么我们这个物种的超能力是合作，为什么药物上瘾会"劫持"人类大脑中的社交奖励回路，这也是为什么安慰剂效应会通过告诉你有人在乎你而对疾病起到治愈效果。

好了，我不找妈妈了。摩根·弗里曼式的智慧又要上场了。请允许我谦卑地说出答案：归属感是生命的意义。

在 19 世纪和个人主义思潮到来之前，意识形态都是关于归属和联结的故事，它们提醒我们，我们并不孤单，每个人不是故事中的唯一角色。这些故事中总是包含着意义和归属感，帮助我们形成赖以生存的意识形态。

有人会说："那些故事大多不是真的。"我不否认这一点。正如尼尔·盖曼所说："虽然故事可能是谎言，但它们是讲真话的好谎言。"故事并不总是真实的，但就像"K 综合征"的故事一样，我们身边的人是真实的。科学建立了模型来尝试理解这个世界，但没有模型是完美的，不过它们确实给了我们一些启示。这就是为什么有句老话说："所有模型都是错的，但有一些是有用的。"这句话对故事也适用。故事的主要目的——无论我们是否对此有意识——不是说出真相，而是团结人类。故事并不总是正确地理解事实，但故事懂得生命的意义——归属感。就像你的身体在安慰剂效应中接受虚假的故事一样，针灸可能没有疗效，但它提供的护理传达了明确的归属信号，这才是重要的。

故事的不准确性从来不是人类面临的最大问题。哦，也不都是这样。对我们来说，真正糟糕的是，群体 A 的故事跟群体 B 的故事完全无法契合。归属感的力量如此强大，以至于当我们的故事受到挑战时，我们真的会全副武装、准备战斗。你不需要有历史系博士学位就能看到，围绕故事的争斗给人类带来了多少灾难。我谈到了很多战争期间某个群体内部产生的人际联结，但我闭口不谈是什么导致了战争。也许我们这个物种的超能力是在有共同故事的群体内展开合作，而一直以来，我们很容易对那些有着不同故事的群体大开杀戒。

那么答案到底是什么呢？当我们的故事相互排斥时，我们如何保持归属感？解决办法很简单：更多的故事。我们总是可以创造一个新的故事，以一种新的方式将我们团结起来。我们现在就在这样做。你不是我的家人，但你是我的朋友。你和我不信仰同一个宗教，但我们同属于一个国家。我们之间没有任何共同点，但也许我们都是"星战迷"。新故事可以在旧故事失败时将我们团结起来。我们总能同属于某个部落，共享某个关于归属的故事。只要我们努力，我们就有无限多的方式来与彼此联结。我们不需要用战争或灾难来刷新我们善于合作的出厂设置。在 19 世纪，我们的主导性元故事发生了变化，但只要我们愿意，我们就可以再次改变它。

也许是时候少说点科学，多说些故事了。是的，这话从我嘴里说出来很讽刺，毕竟我是那个把几百页的科学研究推到你眼皮底下的人。但我也在本书中加入了故事，不是吗？2020 年的一项研究说："我们发现，当情感投入程度高时，比如当问题涉及严重威胁、健康或自身时，轶事证据会比统计证据更有说服力。"是的，我很狡猾，但这更证明了我们需要故事。

我仍然喜欢事实和统计数据，它们有着令人难以置信的价值，并且极大地改善了我们的生活。尽管如此，我们无法通过科学理论找到生命的意义。我们需要一个让人们联结起来的故事——一个超越个体、让人获得归属感的故事。马克·吐温写道："不要放弃你的幻想。当幻想没有了，你还可以生存，但你虽生犹死。"

你需要归属感。我们都需要一个故事来联结我们。这本书不是"自选冒险"类游戏，但你的生活是。所以，这不是一个结局，它是一个开始。

我们已经讲了很多故事——解救人质的谈判专家、被称为"福尔摩斯夫人"的女检察官、天才马汉斯、完美记忆的坏处、球队中的骗子、天文学中的谜团、世界上最友好的人、"情圣"卡萨诺瓦、用"理智"创作《乌鸦》的诗人、产房里的"手铐"、偷窃的隐士、枕头女友、神奇的安慰剂、麻风病人的孤岛，以及用不存在的综合征愚弄纳粹的医生，等等。感谢你和我一起走过这段疯狂的旅程。

希望你能从中学到一些东西。我肯定学到了，而且其中一些东西我只遗憾自己知道得太晚。我希望能为你消除这样的遗憾。我这个人在宜人性上的得分只有 4 分（满分是 100 分）。但我生命中那些最难忘、让我最感动的时刻，都不是我独自一人的时刻，而是和某些人在一起时，感到被接纳、有归属感的时刻。

如果你现在觉得自己没有归属感，不要忘记这本书具有能起到治愈效果的神奇的安慰剂效应。说真的，它就像针灸一样可以缓解疼痛。只要你现在把它拿在手里，封面上的纤原体①就能治愈你的疼痛。这是有科学证明的。

我现在意识到，我比你更需要这本书。在我的一生中，我的故事一直是一个孤独的故事，不是一部发生在伙伴之间的喜剧，也不是浪漫爱情剧或合奏剧，而是一场独角戏。但我从《科学怪人》的孤独中吸取了一个教训。这本书不是靠花大量时间与朋友们在一起写出来的，而是来自独处的时间。但也许所花的独处时间太多了。

所以我现在得走了，要去见我的朋友了。我要拥抱他们，告诉他们我爱他们。也许我还要对他们说"我想吃你的肠子"②。我有很多事情需要解决，有很多欠缺需要弥补，我希望现在我有了更好的方法。

有一句古老的非洲谚语说："如果你想走得快，就一个人走；如果你想走得远，就一起走。"我已经快步走了很多很多年，但道路比我想象的要漫长得多。"快"不能让我的人生道路变短，我需要在这条路上走得更远。

我们可以一起走吗？

---

① 星球大战系列影视作品中的概念，指原力敏感者细胞中的一种微生物，一个人体内纤原体的多少决定了他原力的大小。——译者注

② 本书第 6 章谈到巴布亚新几内亚高地地区的老朋友在相互问候时会说"Den neie"，意思是"我想吃你的肠子"。——编者注

在说再见之前

"无论你多么孤立无援，无论你感到多么孤独，只要你真正认真地做你的工作，不知名的朋友就会来找你。"

——卡尔·荣格

正如我在书中所说：这不是一个结束，而是一个开始——一个更好地了解我们自己、了解他人，以及学着做更好的人的开始。

这是一个持续的旅程。目前，已经有超过 50 万人订阅了我的免费信息。

让我们一起走，走得更远……

致谢

"写一本书就像讲一个笑话，你要等两年之后才能知道它好不好笑。"

——阿兰·德波顿

几乎没有人会读致谢部分。坦率地说，这真是遗憾，因为"没有书是一座孤岛"。这本书汇集了许多人的帮助才能够送到你的手中，这些人值得我们称赞。

尽管也许没有多少人会读，但我还是很高兴能够写这一部分，因为我可以表达感激之情，这也是我前所未有的给他人授勋的时刻。

我要感谢贾森·哈洛克，他是亚里士多德式的真正的朋友。他绝对是"另一个自我"，而且是一个更讨人喜欢的"自我"。很多时候，他是唯一让我在崩溃边缘"起死回生"的人。

我要感谢尼克·克拉斯尼、乔希·考夫曼和大卫·爱泼斯坦。他们是巴克宇宙①中的强大英雄。当我非常孤独的时候，是他们让我能够继续前行。无论我的银行账户余额是多少，我都因为生活中拥有他们而富有。

---

① 英文原文为 Barker Cinematic Universe。该词是作者效仿漫威电影宇宙（Marvel Cinematic Universe, MCU）一词，使用自己的名字 Barker（巴克）创造的。MCU 是以超级英雄电影为中心的共同世界，由漫威影业基于漫威漫画角色和剧情制作的系列电影。——编者注

我要感谢我的父母，他们生下我时显然不知道自己即将面临什么。

我要感谢我的经纪人吉姆·莱文，以及编辑吉迪恩·韦尔和希拉里·劳森，他们容忍了我的各种怪癖，且发出的叹息声比我预想的要少。

我要感谢泰勒·考恩，他帮助我证明 F. 斯科特·菲茨杰拉德①错了——美国人的生活可以有第二幕。

我还想感谢高塔姆·穆昆达、唐埃尔莫尔、迈克·古德、史蒂夫·坎布和蒂姆·厄本。

还有我博客的所有读者，你们真的很棒，真的。你们就是我的社区、我的部落。你们永远不会知道你们是如何改变了我的生活，并且这些改变都是积极的。我无法用语言表达你们对我有多重要。

好了，说回我的抱怨。很少有人读致谢部分，这真是不公平……

等一下……不会吧？你读到这部分了？你真是太了不起了。感谢你认可我的朋友们所做的贡献。

复活节彩蛋是不是很有趣？我觉得书中的复活节彩蛋还不够多。话说回来，也许有更多的复活节彩蛋藏在这本书中，谁知道呢……

---

① 20世纪美国作家、《了不起的盖茨比》一书的作者。——译者注

作者简介

"当我写作时,我觉得自己像一个没有手脚的人,只有嘴里叼着支笔。"

——库尔特·冯内古特

埃里克·巴克在物理课上讨论完车祸后就不再听物理课了,在生物课上讨论完生理问题后也不再听生物课了。尽管如此,他依然是个科普作家。他曾就读于宾夕法尼亚大学,这所学校以把"自恋的小屁孩"变成"有教养的成年人"为荣。后来他搬到了好莱坞,这个地方以把"有教养的成年人"变成"自恋的小屁孩"为荣。巴克的博客"Barking Up the Wrong Tree"(搞错了对象)提供基于证据的答案以及关于如何造就精彩生活的专业见解。超过50万人订阅了他的博客。他的第一本书《有效努力:放大你的核心优势》位居《华尔街日报》的畅销图书榜单,并被翻译成18种语言。巴克曾在麻省理工学院、耶鲁大学、谷歌、纳斯达克证券交易所和奥林匹克训练中心发表演讲。他做过各种有意思、令人印象深刻的事情……关于他已经说得够多了,你是什么样的人呢?

版 权 声 明